JN409501

몽돌의 차르르 따르르

몽돌의 차르르 따르르

박영득 수필집

수필과비평사

작가의 말

우리 동네에는 불광천이라는 작은 개울이 흐르고 있습니다. 그곳에는 수많은 생명체가 살고 있지요. 이곳 천변에 계절 따라 피어나는 작은 들꽃이나 개울에 사는 작은 생명체들, 그뿐만 아니라 어려서 친숙했던 고향 바닷가의 작은 생명체들도 이제는 모두가 나에게 소중한 존재가 되었습니다. 수필을 쓰기 전에는 사소한, 그래서 관심 밖에 있었던 것들이 이제 내 마음 한가운데 귀한 존재로 굳게 자리 잡고 있습니다.

생명. 듣기만 해도 가슴이 뛥니다. 아무리 사소하고 보잘것없는 그리마 같은 절지동물이라 할지라도 그 속에 생명이 있기에 귀한 것이 아니겠습니까. 그것은 인간의 영역이 아니라 절대자 창조주의 영역이라서 그렇다고 생각됩니다. 그래서 이번에 선보인 수필집 ≪몽돌의 차르르 따르르≫에서는 사소한 들꽃이나 개울에 사는 생명체들 그리고 고향의 바닷가의 작은 갯것들을 소재로 그들과 함께 어울려 살아가는 사람들의 삶을 글로 써보고 싶었습니다. 창조주의 은밀한 창조 의지를 생각하면서…….

하나 글은 쓸수록 더욱 어렵다는 사실을 깨닫습니다. 사물의 본질에 대한 분석과 사유의 깊이가 얕을 뿐만 아니라 창조주의 깊은 뜻을 깨달을 수 있는 영적 능력도 깊지 않기 때문입니다. 뿌리 깊은 나무가 튼실한 열매를 맺듯이 글쓰기도 역시 기본이 가장 중요한 부분이라고 여겨집니다. 많은 아쉬움이 남습니다. 더욱 분발해서 뿌리부터 튼실하게 준비해 앞으로는 더 나은 글을 쓰도록 하겠습니다.

자연과 가까이하는 삶에서 생명의 고귀함을 찾고 환경의 중요성에 대해서 더욱 목소리를 높이겠습니다. 때론 사회의 부조리와 부패에 대해서도 용기 있게 일성을 높여야 하겠지요. 이것이 바로 글을 쓰는 사람들의 사명이 아닐까 싶어서입니다.

글 한 편 한 편을 쓸 때마다 읽어주시고 격려해 주신 하전下田 선생님과 저에게 힘과 용기를 북돋아 주시는 관여觀如 선생님 그리고 저의 부족한 글을 잘 평해 주신 허상문 교수님께도 진심으로 감사의 말씀을 올립니다. 곁들어 힘들 때마다 내 곁에서 용기를 북돋아 주는 아내에게도 감사드립니다.

끝으로 저의 제3 수필집이 나올 수 있도록 애써 주신 '수필과비평사' 서정환 회장님과 유인실 주간님께도 감사의 말씀을 올립니다.

2024. 2.

梅溪 박영득

차례

제1부 갈매기의 꿈

제2부 삐뚤이고동

제3부 그리마

제4부 연리근

제5부 터키석 목걸이

제6부 꽁지머리 아가씨

제1부 / 갈매기의 꿈

몌별袂別

교사 발령을 받고 10여 년 세월을 시골에 묻혀 근무한 후 드디어 목포로 전근해 왔던 어느 해 봄날이었다. 시내 오거리 갈림길에서 내 앞을 지나가는 S 양과 우연이 마주쳤다. 어찌나 멋져 보이던지 그녀를 보는 순간 마치 초등학교운동회 때 만국기가 펄럭이던 운동장에서 둥둥 울리던 북소리처럼 내 심장도 꿍꿍 뛰기 시작했다. 첫눈에 반했던 것일까. 날씬한 몸매에 건강미 넘치는 거무스레한 피부, 적당한 크기의 몸매, 그리고 귀엽게 생긴 외모와 상냥해 보이는 얼굴이 내 마음에 쏙 들었다. 황진이를 짝사랑하다 상사병에 걸렸던 옆집 총각이 이런 마음이었을까. 수업시간에도 또는 쉬는 시간에도 눈앞에 어른거리는 그녀의 모습에 마음은 허공을 나는 듯 안절부절못했다.

하여 쉬는 날이면 그녀가 근무하는 사무실 앞을 홀로 오가며 몰래 훔쳐보기도 하고 행여 눈에 띌까 봐 다시 걸어갔다 그 자리로 되돌아오기를 몇 번이고 되풀이했는지 모른다.

몇 달이 지난 어느 날인가 마음을 굳게 먹고 그녀 사무실 문을 열고 들어섰다. 나를 처음 대하는 S 양은 창밖에서 수시로 서성이던 나를 이미 알아보고 있었던지 가벼운 미소를 지으며 맞아주었다. 자리를 권하고 사무실 커피를 한 잔 뽑아와 마주앉아 마시며 마음에도 없는 시시콜콜한 이야기를 나누다가 시간이 한참이나 지났을까, 보면 볼수록 더욱 끌리는 그녀에게 마음을 더 숨길 수 없어 정색하고 당장 고백을 할까도 싶었지만 차마 말을 꺼낼 수가 없었다. 그러나 포기할 수는 없는 일. 몇 날을 더 다니며 그녀의 속마음도 알아보고 싶었다. 이렇게 하기를 한 보름이나 지났을까. 드디어 용기를 내 고백을 했다. “나랑 사귈래요? ” 예상치 않았던 나의 프러포즈에 놀란 듯한 그녀도 얼굴을 붉히더니 말 대신 고개만 끄덕이는 것이었다.

만남이란 우연일까 아니면 운명일까. 이 세상에 수많은 사람이 있지만 맘에 쏙 드는 사람과 만남은 우연이 아니라 운명일지도 모른다. 창조주께서 태초부터 예정해 두었던 만남을 우연이라는 조건을 통해 이루어지게 하는 것이 아닌지도 모르겠다. 다가오는 주말 데이트 약속을 하고 사무실을 나왔다. 하늘을 날 것 같은 기분, S 양은 나에게 운명이지 싶었다.

S 양과의 첫 데이트 코스는 부안 변산반도 해안도로였다. 첫 데이트를 생각만 해도 가슴이 뛰었다. 그녀에게서 풍기는 은은한 향기와 알 수 없는 신비로움에 정신까지 몽롱해지는 것이 아닌가. 콧노래가 절로 나왔다. 나는 S 양과 함께 어느새 신경숙의 《엄마를 부탁해》를 생각하면 떠오르는 곰소염전을 지나 서해의 절경인 변산반도 해안도로를 달리고 있었다.

나지막한 소나무 숲 언덕에 자리한 아담한 찻집 '베르그 하우스', 발아래로 내려다보이는 바다는 숭어 비늘 같은 은빛 윤슬이 반짝이고 그녀의 눈동자에도 환희의 기쁨이 넘실거렸다. 바람에 나부끼는 검은 머리카락을 한 손으로 부여잡고 붉게 물든 일몰을 말없이 바라보며 서 있는 그녀의 뒷모습은 솔로몬이 사랑했던 술람미 여인의 자태 그대로가 아니었을까. *게달의 장막처럼 검은 피부의 술람미 여인이 풍기는 나드 향과 왕 중의 왕 솔로몬에게서 발산되는 몰약과 고벨꽃 향기가 솔밭 사이로 흐르는 듯해 사랑의 분위기도 더욱더 황홀하기만 했다.

---

* 게달의 장막(the tents of Kedar): 검은 염소의 털로 만든 장막으로 검은색을 일컫는 시적 표현이다. (아가서 1:5)

누군가가 '사랑이란 서로 마주보는 것이 아니라 같은 방향을 바라보는 것'이라고 했던가. 그녀와 나는 언제나 바라보는 곳이 같았다. 사소한 일상에 대한 생각에서부터 사회적인 이슈나 정치적 이념에 이르기까지 부딪침이 없었다. 사람이 살아가면서 가장 소중한 것이 사랑이라는 것도, 사랑이 있어야 사람에게는 희망이 있다는 말에도 공감하고 있었다. 같이 있으면 어머니 품처럼 언제나 편안하고 행복한 사람, 먼 길을 갈 때면 지루하다며 노래도 불러주고 애교스러운 목소리로 세상 돌아가는 이야기도 자분자분 들려주던 사람, 무더운 날에는 시원한 바람으로 한겨울 추울 때는 따뜻하게 마음까지 녹여주는 수고도 마다하지 않는 사람이었다.

어느덧 그녀와의 만남이 16년이란 세월이 흘렀다. 꿈같은 시간이었다. 강진 백련사 동백숲이며 해안가 철새도래지, 월출산 아래 경포대 차밭과 적막한 무위사 경내, 거제도 몽돌해변과 남해도 금산사, 경주 불국사와 동해 주상절리, 부안 채석강과 군산 선유도 그녀와 동행했던 곳들이 주마등처럼 스쳐 지나간다.

하늘의 날개 달린 천사가 에드거 앨런 포(Edgar Allan Poe)와 애너벨리(Annabel Lee) 사이의 사랑을 시기하여 그로부터 그녀를 데려간 것처럼 나와 S 양의 사랑도 하늘이 시기하고 질투하는 것이 아니었을까. S 양 몸이 여기저기가 아프기 시작했다. 어떤 때에는 다리 관절이 아파 걷기도 힘들어 벌침을 놓아주기도 하고 또 어떤 때는 속이 아파 병원에서 치료를 받았지만 그건 임시방편일 뿐 하루하루 병세가 깊어만 갔다. 이 모든 것이 나의 불찰과 혹사로 인한 것 같아서 마음이 아팠다. 그러던 어느 날 아예 길거리에서 쓰러져 응급차로 병원에 실려 간 후로 영영 돌아오지 못했다. 긴 세월을 함께한 S 양과의 이별이 어찌나 마음이 아프고 슬프던지 그녀를 떠나보내던 날 전전반측 뜬눈으로 날을 지새웠다. 오랜 세월 들었던 정을 어찌 단칼로 무 베듯 쉬 잘라버릴 수 있었겠는가.

> 무죄無罪한 너를 마치니, 백인伯仁이 유아이사由我而死라, 누를 한恨하며 누를 원怨하리요. 능란能爛한 성품性品과 공교工巧한 재질을 나의 힘으로 어찌 다시 바라리요. 절묘絕妙한 의형儀刑은 눈속에 삼삼하고, 특별한 품재稟才는 심회心懷가 삭막索寞하다. 네 비록 물건物件이나 무심無心치 아니하면, 후세後世에 다시 만나 평생 동거지정平生同居之情을 다시 이어, 백년고락百年苦樂과 일시생사一時生死를 한 가지로 하기를 바라노라, 오호애재嗚呼哀哉라, 바늘이여!
>
> – 〈조침문 중에서〉

애지중지하던 바늘이 부러져 안타까운 마음에 쓴 유씨 부인의 글 〈조침문〉이 생각난다. 나는 S 양을 생각하면 '조차문'이라도 한 편 써야 하지 않을까 싶다. 내 곁을 떠나간 S 양. 오늘따라 몹시 보고 싶다. 그리운 S 양, 그녀의 이름은 내가 사랑하고 아끼던 검은색 차 세피아Sephia였다.

이제는 말할 수 있다

사랑하는 남녀는 눈길을 서로 주고받는다. 이럴 때의 눈맞춤은 스릴과 희열이 넘칠 것이다. 사랑스러운 눈길로 서로 마주보는 것은 세상에서 이보다 더 아름다운 순간도 없을 것이기 때문이다. 그런데 사랑하는 사람과 눈맞춤이 아니라 구렁이와의 눈맞춤이라고 생각해 보시라. 온몸에 닭살 같은 소름이 돋아 오싹하지 않겠는가.

어느 늦가을날 오후, 빨간 마티즈 승용차를 타고 학교에서 5분여 거리에 있는 슈퍼마켓으로 일용품을 사러 가는 한 여교사가 있었다. 학교 정문에서 나와 논둑길로 차를 몰고 가는데 도로 한복판을 커다란 구렁이가 가로질러 건너가고 있었다. 여느 여자라면 무서워서 그냥 줄행랑을 쳤으련만 그녀는 도로 한복판에 차를 세우고 서둘러

내려 구렁이가 지나간 곳을 이리저리 살펴보았다. 아뿔싸! 길가 도랑에서 또 다른 구렁이 한 마리가 똬리를 틀고 앉아있는 것이 아닌가. 더 가까이 다가가 쪼그리고 앉아서 바라보니 구렁이도 그녀를 빤히 바라보는 것이었다. 혀를 날름거리며 바라보는 구렁이를 맞바라보면서 눈길을 뗄 수가 없었다. 그래야 구렁이가 도망가지 않는다는 속설을 주워들었기 때문이다. 그리고 손전화로 교무실에 있는 나에게 다급하게 전화를 걸어왔다.

"교감 선생님! 구렁이에요. 빨리 잡으러 오세요."

숨이 넘어갈 듯 다급한 소리였다. 그때 교무실에는 교무부장과 몇몇 젊은 교사들이 있었다. 구렁이라는 소리에 귀를 쫑긋하고 호기심을 가져 보지만 누구 하나 잡으러 가겠다고 선뜻 나서는 사람이 없었다. 그래서

"교무부장, 자네가 갔다 오지."

라고 했더니 손사래를 내저으면서

"나는 구렁이가 무서워요."

라며 도망치듯 교무실 밖으로 나가버렸다. 이 사람 저 사람 살펴봐도 모두가 컴퓨터 모니터에 가려 보이지 않도록 고개를 푹 숙이고 자기 할 일만 하는 척했다. 그래서 하는 수없이 행정실 전 주사보께 연락해 현장에 가 보도록 했다. 전 주사보는 원래 고향이 이곳 사람

으로 뱀이며, 가물치며, 붕어 그리고 바닷고기를 잡는 데는 전문가였다. 전 주사보가 빈 마대 포대와 기다란 작대기를 준비하여 그곳에 도착하기까지는 약 30여 분이 지났을 것이다.

그동안 그녀는 구렁이와 눈맞춤을 계속하고 있어야만 했다. 단 몇 분도 아니고 30여 분을 엉거주춤한 자세로 쭈그리고 앉아 혀를 날름거리는 구렁이와의 눈맞춤 시간이 얼마나 길었을지, 그리고 그 순간 어떤 생각들이 오고 갔을까? 에덴동산에 나타나 이브에게 선악과를 따먹으라고 꼬드기던 그런 사악한 모습으로 보였을까. 아니면 꿈에 나타나면 아들을 낳을 길몽이라 좋아하던 그런 구렁이로 보였을까. 어쨌든 여러 가지 생각 속에 구렁이와의 눈싸움은 긴장 속에 계속되었을 것이다.

한참 후에 전 주사보가 마대 포대로 구렁이를 담아왔다. 묵직해 보였다. 포대를 열어보니 내가 지금까지 본 뱀 중에서 가장 큰 놈이었다. 목에 줄이 매어 포로가 된 신세였지만 두 눈을 똑바로 뜨고 나를 바라보면서 두 혀를 날름거리며 무어라 계속 항의하는 것 같았다.

"왜 죄 없는 날 이렇게 못살게 구는 거요. 빨리 풀어주세요."
라고 소리라도 치는 듯 구렁이는 혀를 계속 날름거렸다. 두께는 어른 팔뚝만큼이나 굵고 길이는 어른 키보다도 훨씬 더 커 보였다.

구렁이는 원래 금실이 좋아 한 쌍이 한 굴에서 산다. 그런데 늦가을날 일광욕을 하러 나왔다가 한 녀석은 도망을 가고 다른 한 녀석이 길옆 도랑에서 미처 빠져나오지 못하고 발각되고 말았으니 이 얼마나 운수 없는 날인가.

구렁이를 잡았다는 소문이 퍼져 온 동네가 야단법석이었다. 다음 날은 아침부터 도망간 구렁이를 잡겠다고 동네 사람들이 수색에 나섰다. 구렁이가 도망간 논과 언덕을 샅샅이 뒤져 보았지만, 구렁이의 흔적은 찾을 수가 없었다. 짝을 잃은 구렁이는 반드시 원래의 자리로 짝을 찾으러 온다는 말이 있어서인지 다다음 날에도 동네 사람들은 수색을 계속했다. 하지만 눈물을 흘리며 짝을 찾아온 구렁이가 잡혔다는 소식은 들리지 않았다.

그날 오후 전 주사보 사택 앞마당에서 커다란 찜통이 힘차게 김을 뿜어대고 있었다. 서너 시간 동안 마늘과 생강을 넣고 푹 끓인 찜통 속에 무엇이 들어있었을지는 상상에 맡긴다. "가정실습실에서 선생님들을 기다리고 있습니다. 뜻이 있는 분들은 모두 모여 주시기 바랍니다."라는 안내방송에 선생님들이 기다렸다는 듯이 달려왔다. 여교사로부터 전화를 받는 순간에는 슬슬 꽁무니를 빼던 남자들이 맨 먼저 앞장을 섰다. 달려오는 기세는 마치 100m 경주라도 하는 듯했다. 입맛을 쩍쩍 다시며 달려오지나 말든지……. 그리고 큰 사발로 한 잔씩 쭉쭉 들이켜고 생마늘 한 조각과 소주 한 잔씩을 마시는 의식이 거행되었다. 그리고 옷소매로 입술을 닦아 마무리를 지었다. 나도 한 사발 마셨다. 그런데 막상 구렁이와 눈맞춤을 했던 그 여생님은 얼굴도 내비치지 않았다.

지금도 가끔 뱀을 볼 때면 혀를 날름대던 그 구렁이의 모습이 눈앞에 선하다. 그때 왜 구렁이가 하던 말을 더 진지하게 들어주지 못했었을까. 미제사건으로 미궁에 빠질 뻔한 사건을 이제는 말할 수 있을 것 같다.

"정말 미안해, 구렁아. 용서해다오. 늦게나마 이렇게 명복을 빈다."

범치 형님

바닷물고기 가운데는 해괴망측하게 생긴 녀석들이 더러 있다. 그 중에 대표적인 물고기가 범치란 놈이다. 범치는 범처럼 생겨 무서운 물고기라는 뜻이기도 하지만 못생겼다는 의미도 숨어있다. 그래서 바닷가 사람을 범치라고 부르면 무서운 놈 또는 못생긴 놈이라는 이중적인 뜻으로 들리는 것이다.

범치는 상상 속 귀신의 얼굴인 귀면鬼面을 닮았다. 위를 향한 입과 우둘투둘한 면상 그리고 털이 덥수룩한 수사자의 얼굴처럼 여러 돌기가 마치 가시처럼 돋아있어 괴물 같은 모습이다. 등 지느러미에 숨어있는 독 가시는 위협을 받으면 금방 들고 일어서서 고슴도치처럼 몸을 부풀려 위협을 가한다. 머리는 수평으로 편편하고 몸통은 수직으로 편편하여 한 몸이면서도 통일성을 잃은 비상식적인 체형과 알록달록 갈색 피부로 위장하고 포복하는 전투병의 모습을 하고 있다.

화가 난 범치 등 가시에 실수로 찔리기라도 하면 어떤 누구도 절로 비명을 지를 수밖에 없다. 온몸에 전기가 흐르듯 칼로 찌르는 듯한 심한 고통이 순간 몰려와 정신을 잃고 기절할 만큼 독성이 강하다. 보기만 해도 으스스한 느낌이 드는 무섭게 생긴 비호감의 물고기. 하지만 흉하고 거친 외모와는 달리 맛이 특별해 미식가들이 즐겨 찾는다. 지방이 적고 맛이 담백하며 산부에게 먹이면 젖이 잘 나온다는 영양가 최고로 치는 물고기다.

우리 집안에는 범치라는 별명을 가진 형님이 한 분 있었다. 키는 작달막하지만, 가슴이 딱 벌어져 단단한 체구에 힘이 장사였다. 입씨름에서도 누구도 당해내지 못했다. 쌈박질도 잘해서 아무리 덩치가 큰 상대라도 결코 지는 법이 없었다. 힘으로 못 당하면 머리로 상대방의 면상을 들이받거나 물어뜯어서라도 절대로 지지 않는 강인한 사람이었다. 이런 모습을 보고 그를 범치라는 별명을 붙였는지도 모른다. 그렇다고 아무 명분 없이 싸움박질만을 하는 것이 아니다. 언제나 공정하지 못한 불의 앞에서 굴하지 않는 정의로운 사람이었다. 평상시에는 마음이 따뜻하여 집안 동생들을 친동생처럼 보살펴 주는 형님이어서 곁에만 있어도 언제나 마음이 든든했던 분이었다.

범치 형 위에 형이 한 분 있었다. 범치 형이 형 대신 군대에 갔다 왔다는 사실. 요즘 세상 같으면 감히 상상이나 할 수 있는 일이었겠는가. 아무리 피치 못할 사정이 있기로서니 남 대신 군대에 간다는 것은 생각도 할 수 없는 일이다. 형의 이름으로 군대를 다녀와서는 평생 형의 이름으로 살아야만 했다. 형이 동생이 되고 동생이 형이 된 셈이다. 구약성서에 장자 에서가 사냥을 하고 돌아와 배고픔을 참지 못하고 팥죽 한 그릇에 동생 야곱에게 장자의 명분을 판 것처럼 범치 형은 형 대신 군대를 다녀와서 아예 이름까지 바꿔 장자로 살았던 것이다.

그때는 군 생활이 힘들었던 시절이었다. 한번은 휴가를 나왔다가 탈영하는 사건이 벌어졌다. 막상 형 대신 군대에 갔다지만 군 생활이 힘들어 다시 돌아가고 싶지 않았던 모양이다. 헌병들이 동네로 들이닥쳤다. 탈영병이 숨을 만한 곳을 이 잡듯이 구석구석을 뒤졌으나 찾을 수 없었다. 온 동네가 발칵 뒤집혀 쑥대밭이 되었다. 그래도 자수하지 않고 형님은 외딴곳에 있는 우리 원두막에 꼭꼭 숨어있었다. 다행히도 헌병들이 이곳까지는 잡으러 오지 않아 무사했지만, 그때 일을 생각하면 지금도 가슴이 조마조마해진다. 후에 집안 어르신들이 타일러 복귀한 후에 군 영창생활을 하고 최전방 오피(OP)에서 군 생활을 무사히 마치고 전역을 했다. 물론 군대에 가지 않은 큰 형은 3주간 훈련을 받고 예비군에 편입되는 것으로 군 생활을 마쳤던 사건이었다.

한번은 또 이런 일로 옥고를 치르기도 했다. 시청에서 동네 부근에 쓰레기수거장을 설치해 하루에도 수많은 쓰레기 운반 차량이 동네 앞을 지나자 악취 때문에 살 수가 없었다. 엎친 데 덮친 격으로 쓰레기 더미에서 파리 떼가 들끓어 급기야는 동네까지 날아드니 주민들이 더는 참다못해 집단 항의를 하고 나섰다. 정의로운 범치 형님이 가만히 보고 있을 사람이 아니었다. 당연히 앞장서서 시위를 진두지휘하게 된 것이다. 고부 군수 조병갑의 극심한 탐학貪虐에 동학 농민군을 이끌고 봉기했던 전봉준 대장처럼 머리를 수건으로 질끈 동여매고 양팔은 둘둘 걷어 올린 후 동네 주민들을 이끌고 시청 앞으로 돌격했다. 시장과 만나 담판을 짓겠다는 것이었다. 쓰레기처리장을 옮기든지 아니면 냄새 때문에 살 수 없으니 어떤 조처를 해 달라는 것이 주민들의 요구였다. 이런 당연한 요구를 시장이 외면하고 면담도 기피하자 주민들은 며칠이고 시청 앞에 모여 시위를 계속하다가 마침내는 상여를 메고 시청 앞에서 시위까지 하는 상황이 벌어졌다. 최후 수단으로 시장실로 밀고 들어가려는 주민들과 시청 직원들과의 몸싸움으로 인해 범치 형은 공무집행방해죄로 체포되어 구치소에 가게 되었다. 후에 시청의 조치로 무사히 풀려나긴 했지만 범치 형님은 언제나 옳지 못한 일에는 앞장서서 울분을 참지 못하고 저항하는 사람이었다.

횟집 수족관 바닥에 웅크리고 있는 범치를 보니 문득 범치 형님 생각이 난다. 보기에 험상궂고 혐오스러워 보이지만 맛이 좋아 미식가들이 즐겨 찾는 물고기가 아니던가. 겉만 화려하고 아름다운 것 같으면서도 맛이 없고 영양가 없는 물고기보다야 범치가 몇 배나 낫지 싶어진다. 범치처럼 무서운 사람이었지만 실은 마음 따뜻하고 의리 있던 범치 형님, 형제간의 의리를 우선시했을 뿐만 아니라 정의롭지 못한 일을 볼 때는 가만히 두고 보지 못했던 의로운 사람, 공의를 위해 자기 몸을 아끼지 않은 전설적인 인물이 되어 지금은 동네 동생들의 입에서 심심찮게 회자되는 사람이다. 공의와 정의가 사라져 시절이 하 수상한 이 시절에 저 먼 하늘나라로 먼저 가신 범치 형님이 새삼 그리워지는 날이다.

꼬막 먹으러 같이 갈까요

인사동 14번 길 골목에는 '여자만'이 있다. 남도 음식을 전문으로 하는 한정식집이다. 얼핏 듣기에는 여자들만 가는 음식점으로 오해받기에 십상이어서 식당 앞에는 남자들도 들어 오라는 안내문이 붙어있다. '여자만'이란 음식점 이름은 지금은 순천만이라고 불리는 여수와 고흥 사이에 있는 만灣의 옛 이름을 빌려 온 것이다. 그렇지 않아도 지난번 모임이 있어 '여자만'에서 만나자는 문자를 보냈더니 어느 남자 회원께서 여자들만 가는 곳 아니냐고 되물어오기도 했었다.

'여자만'에 들어서면 고색창연한 분위기에 예스러움이 물씬 풍긴다. 한옥을 식당으로 개조했으니 분위기가 옛 고향집처럼 편안하고 아늑한 것은 당연지사일 터. 차림표에 올라와 있는 음식도 간장게

장, 꼬막 정식, 민어회, 짱뚱어전골, 하모샤브샤브, 홍어삼합 등 남도 맛이 짙게 풍기는 음식들이어서 더욱더 정이 가는 곳이다. 안내인을 따라 일층 아늑한 곳에 자리를 잡고 '여자만 정식'으로 주문했다. 정갈하게 차려 나온 음식 중에서 유달리 꼬막 요리가 눈에 띈다. 껍질 한쪽만 까진 꼬막이 가지런하게 큰 접시에 담겨 나왔다. 손쉽게 양념에 찍어 먹으라는 주인의 배려일 것이다.

꼬막 하나를 양념에 찍어 입에 넣는 순간 퍼뜩 벌교에 꼬막 먹으러 갔던 추억이 떠오른다. 아마 식당 이름이 '외서댁 꼬막집'이었지 싶다. 하고많은 꼬막집 중에서 하필이면 왜 '외서댁 꼬막집'이 었을까. 당시 베스트셀러였던 조정래 작가의 대하소설 《태백산맥》을 읽고 난 후 찾아간 곳이라서 그 집을 꼭 찍어 선택했을 법도 하다.

소설에서 토벌군 감찰대장 염상구가 빨치산 강동식의 아내 외서댁과의 정사 후에 비스듬히 누운 채로 눈을 거슴츠레 뜨고서 "흐흐흐, 내 눈이 보배는 보배여. 보기 존 떡이 묵기도 좋드라고 외서댁을 딱 보자말자 가심이 찌르르허드란 말이여. 고 생각이 영축없이 들어맞어 뿌렀는디, 쫀득쫀득허고 옴죽옴죽허는 것이 꼭 겨울 꼬막 맛이란 말이시. 잉, 맛나고 맛나당께로."라고 한 음탕하고 능청스러운 이 말 한마디가 벌교 꼬막 하면 외서댁을 떠오르게 하는 이미지에 큰 공을 세웠지 싶다. 끝없는 이념대립과 토지개혁을 두고 벌이는 좌우의 지루한 갈등 그리고 토벌군과 빨치산 사이에서 서로 죽이고 죽는 공포 속에 작품이 섬뜩하고 따분하고 때론 장황하기도 했지만, 가끔 양념처럼 나오는 외서댁과 염상구의 질펀한 정사 이야기가 소설을 끝까지 읽을 수 있도록 한 견인차가 아니었을까 싶다.

《태백산맥》의 배경이 된 벌교에는 둘러볼 곳이 많이 있었다. '외서댁 꼬막집'에서 꼬막 정식을 먹고 비극의 현장 소화다리를 건넜다. 다리를 사이에 두고 진압군과 빨치산 부대의 치열한 교전으로 수많은 사람이 죽어 강물이 붉은 핏물이 되어 흘렀다고 한다. 그건 값진 죽음이 아니라 무모한 이념 전쟁으로 희생된 제물에 불과했다. 아무것도 모르고 죽어간 영혼들 앞에 잠시나마 발걸음을 멈춰 서서 묵념을 올렸다.

소화다리를 건너 북쪽에는 동서를 잇는 다리가 하나 있다. 무지개 모양을 닮아 홍교라 부른다. 이 다리를 경계로 위쪽은 들벌, 아래쪽은 벌교 시가지로 나뉜다. 소설 속 주인공 염상진이 송부자 집에서 약탈해온 쌀을 다리 위에다 쌓아두고 인민들에게 가져가라 했지만, 후환이 두려워 아무도 가져가지 못하자 야학당에서 가져가 아이들에게 밥과 떡을 해주었다는 사연 깊은 다리다. 다리 건너편에는 좌우 대립과정에서 중립을 지키고 중재역을 맡았던 부잣집 아들 김범우네 고래등같은 기와집도 보인다.

조정래 생가를 지나 언덕에 세워진 '태백산맥 기념관'에 들어서자 작가의 친필원고 16,500매가 약 3m 높이로 쌓여 있다. 작가의 위대함에 놀라 그저 입을 떡 벌리고 그 앞에서 쉬 발걸음을 뗄 수 없었다. 기념관 옆에 자리한 초라한 무당집, 가냘프고 야릇한 무당의 딸 소화가 살던 집이다. 인기척이 없이 텅 빈 현부자 집 고택은 넓은 들녘을 바라보며 말없이 홀로 서 있다. 집 앞에 있는 조그마한 연못 속에 옛 부귀영화 모두 버리고 물그림자로 거꾸로 서서 졸고 있는 현부자 집이 세상만사 제행무상임을 말해주는 듯 쓸쓸하기만 하다. 빨치산 정화섭과 소화의 슬픈 사랑이 서려 있는 집이 아니던가.

벌교 꼬막은 손으로 직접 까먹어야 참맛을 느낄 수 있다. 진창에서 뻘 배를 타고 잡아 온 꼬막을 물로 몇 번 씻어 해감한 후 팔팔 끓는 물에 넣어 한두 바퀴 휘저은 다음 꼬막 한두 개가 입을 벌리기 시작하면 재빨리 건져 찬물에 담가 식힌 후 건져내 물기가 빠지면 꼭 앙다문 꼬막 뒷부분을 수저로 비틀어 까먹는 꼬막의 맛이 제맛이다. 이렇게 깐 꼬막은 물기가 자르르 흐르고 핏기가 덜 가셔 비릿하면서도 짭조름한 맛이 진짜 바다의 맛이고 자연의 맛이어서 자꾸자꾸 손이 가게 된다. 눈이 펄펄 내리는 날 꼬막 안주에다가 막걸리 한잔이라도 곁들이면 그 맛은 금상첨화일 터. 이런 꼬막 맛을 아는 염상구가 외서댁을 꼬막에 빗대어 감탄을 금치 못했으니 이것이 바로 벌교를 상징하는 맛이 되고 말았다.

어디 벌교가 꼬막 맛뿐이랴. 질펀한 여자만 개펄에서 꼬막 잡는 어부들의 이마에 흐르는 끈끈한 삶의 땀냄새와 부용산 산허리 솔밭 사이로 흐르는 회오리바람 소리에 피지 못하고 먼저 간 누이의 한 소리, 그리고 봄이면 산꿩이 알을 품고 뻐꾸기 슬피 울어대는 그리운 고향의 소리가 들리는 곳이다. 이런 모든 것이 어우러진 것이 벌교의 진짜 맛이며 소리가 아니겠는가.

겨울이 서서히 깊어 가고 있다. 벌교 여자만에는 꼬막이 탱글탱글 여물어 갈 것이다. 《태백산맥》을 읽어 외서댁의 피치 못할 시대적 아픔을 함께할 수 있으며, 벌교의 노래 〈부용산〉의 사연에 눈물을 흘리고, 또 이곳 출신 독립운동가이자 음악가 채동선의 가곡 〈고향〉을 듣고 싶은 사람이라면 함께 꼬막을 먹으러 다시 한번 벌교에 가보고 싶다. 그것도 눈이 펄펄 날리는 날에…….

갈매기의 꿈

목포는 항구 예향藝鄕의 도시다.

남쪽 바다를 행해 내달리다 잠시 숨을 고르려 멈춰 선 노령산맥 끝자리, 다도해를 바라보며 우뚝 솟아있는 유달산 일등바위 위로 한 마리 갈매기가 끼룩끼룩 날고 있다. 바다 위를 저공비행하며 먹이를 찾는 수많은 갈매기와는 달리 왜 저 새는 높은 창공을 날고 있을까. 문득 리처드 바크의 소설 〈갈매기의 꿈〉 주인공 조나단이 생각난다.

조나단은 다른 갈매기들과는 달랐다. 그는 먹이를 찾아 비행하는 대신 하늘에서 무엇을 할 수 있는지에 대해 더 많은 관심을 둔 새였다. 그의 비현실적인 행동에 다른 갈매기들의 비난이나 심지어 부모의 걱정스러운 충고에도 아랑곳없이 비행에 대한 그의 의지를 저버리지 않았다. 그리고 더 높이 날고 더 멀리 보는 새가 되고 싶었던 것이다. 그것은 단순한 비행 연습이 아니라 아마 자기 자신의 정체성과 무한한 자유를 찾아가는 길이었으리라.

옛 목포에도 높은 하늘을 나는 갈매기처럼 이상을 좇던 한 청년이 있었다. 희곡작가이자 문학비평가였던 김우진이다. 그는 목포 최초의 예술가로 근대극을 개척한 인물로도 평가되는 사람이다. 그동안 묻혀있던 그의 문학적 업적이 최근에 활발하게 재조명되고 있다. 목포의 모던 보이 1세대이자 최초 예술가였던 그의 흔적을 찾아 '김우진 거리'를 걸어본다.

'김우진 거리'는 목포 북교동 옛 불종대에서 화신약국 옆 북교길을 따라 북교동 성당에 이르는 오르막 골목길에 조성되어 있다. 골목길에는 김우진의 작품 및 평론을 간략하게 정리하여 담벼락에 글과 함께 그림으로 그려놓았다. 개화기에 현실을 초월한 한 예술가의 사상과 이상의 세계를 엿볼 수 있는 정겨운 골목길이다.

'김우진 골목길'에 들어서자 더욱 감회가 새롭다. 골목길 들머리에 있던 '장학관', 신안군 소재 기독교 성결교회 출신 아이들이 기숙하던 합숙소, 이곳에서 고등학교 시절 거의 일 년 동안 머물렀던 때가 있었다. 장학관 생활이 힘겹고 외로울 때면 홀로 유달산에 오르던 그 골목길이 아니던가. 젊은 날의 김우진도 이상과 현실 사이의 괴리에 마음이 괴로울 때면 옷깃을 곧추세우고 바지 주머니에 손을 푹 찔러 넣고서 하늘을 바라보며 이 골목길을 터벅터벅 홀로 걸었을 테다.

김우진은 현실보다는 이상을 찾아 떠났던 사람이다. 장성군수를 지낸 아버지 김성규의 장남으로 그는 어린 시절 현 북교초등학교를 마치고 18세가 되던 해에 농업개혁가였던 아버지의 뜻에 따라 일본 구마모토 농업학교에 진학하지만, 짐짓 그것은 자신의 뜻이 아니었다. 오로지 그가 하고 싶은 공부는 문학이었다. 그래서 1918년 와세다 대학 예과에 입학하여 영문학을 전공하였다. 대학 시절부터 연극 활동을 하며 유학생들과 함께 '극예술협회'를 조직하여 활동하기도 했다. 1924년 대학을 졸업하던 해, 귀향하여 약 2년 동안 목포 아버지 김성규의 저택 '성취원成趣園'에 머물며 가업 관리와 글쓰기를 병행하며 지냈다. 그곳이 현 북교동 성당 자리다.

그가 목포에 머물고 있던 동안 한국여성문학의 선구자 박화성과의 인연도 흥미롭다. 김우진은 일본유학을 준비하고 있던 박화성에게 영어를 가르쳐 주었다. 북교동 성취원에서 양동에 살고 있던 박화성의 집까지 눈이 오나 비가 오나 하루도 거르지 않고 꼬박꼬박 걸어 다니며 다섯 달 동안 영어를 가르쳐준 덕분에 일본여자대학 영문학부에 합격할 수 있었다고 박화성은 회고하고 있다.

선구적 문학 활동을 하던 김우진은 1926년 8월 4일 가수 윤심덕과 함께 일본 하관下關을 떠나 부산으로 향하던 관부연락선 덕수환德壽丸 갑판에서 대마도 해협을 지나던 중 어둑새벽에 현해탄에 돌연히 몸을 던졌다. 이들의 갑작스런 죽음에 대해 한 신문은 '현해탄 격랑 중에 청춘남녀의 정사. 극작가와 음악가가 한 떨기 꽃이 되어 세상 시비 던져두고 끝없는 물나라로'라는 제목을 뽑아 신문에 실었다.(1926년 8월 5일 동아일보 기사) 장래가 유망한 두 사람의 안타까운 죽음을 애도한 것이다. 《젊은 베르테르의 슬픔》을 읽고 많은 사람이 모방 자살을 했듯이 이 두 사람의 홀연한 현해탄 정사 후 많은 젊은 남녀들의 모방 자살도 잇따랐을 정도로 이들의 죽음은 세간의 화젯거리였다. 촉망받던 극작가와 음악가인 두 사람의 죽음이 세간 사람들에게 얼마나 큰 충격과 안타까움을 주었을지 가히 짐작이 가고도 남는다.

그들의 죽음은 현실과 이상 사이에 놓여 있던 넘을 수 없는 벽 때문이 아니었을까. 김우진은 아버지의 이중적 근대의식에 대한 반발과 문학에 대한 열정으로 문예운동을 통한 사회참여라는 방법을 택해 보지만 현실의 벽은 높았고, 또한 슬하에 남매가 있는 가장으로서 윤심덕과의 이룰 수 없는 사랑에 빠져 마음의 고통이 컸을 것이다. 윤심덕 또한 신여성으로 살고 싶은 자신의 욕구와 전통사회가 요구하는 여성상 사이에서 갈등을 벗어날 수 없었으니 그녀가 부른 〈사의 찬미〉처럼 현해탄 정사는 어쩔 수 없는 그들의 선택이었으리라.

나이 30에 세상을 떠났으니 그를 상징하는 희곡 역시 미발표작을 포함하여 겨우 5편에 불과하다. 그러나 그가 한국문학계에 미친 영향은 지대하다 할 수 있다. 그의 작품과 문학세계가 선구자로서의 면모를 보여줬기 때문이다. 문학적 근대성과 시대상이 잘 표현되어 있는 그의 희곡은 1925년에 한글로 집필한 최초의 근대극이었고, 그가 사망 직전인 1926년에 쓴 작품 〈난파〉와 〈산돼지〉는 한국 최초의 표현주의 희곡이자 당대 신파극을 극복하는 실험극이었던 것으로 평가받고 있다. 어디 그뿐이랴. 당대 최고의 문인 이광수가 부르짖던 식민지시대 계몽적 민족주의와 인도주의의 허구성을 신랄하게 비판하며 조선말 없는 조선문단은 죽은 것이라며 조선어의 부흥을 부르짖던 선구자이기도 했었다.

목포는 예향이다. 김우진이란 특출한 선구자가 있어서 문화와 예술이 싹트고 꽃이 피어날 수 있었던 곳이 아닌가. 이 고장에 한국문학을 대표하는 내로라 하는 문인들이 줄줄이 꽃으로 피어났던 것도 김우진이 뿌려놓은 문학의 씨앗 덕분이리라.

유달산 일등바위 하늘 높이 날던 한 마리 갈매기. 그 새는 현해탄에 몸을 던진 김우진의 넋이 환생한 것은 아니었을까. 그는 지금도 유달산 일등바위 위에서 먼바다 다도해 너머 수평선을 바라보며 이루지 못한 자신의 꿈을 꾸고 있을지도 모른다.

큰 바위 얼굴

영암 낭주고등학교 현관에는 특별한 사진 한 점이 걸려있다. 이 사진은 월출산 구정봉九井峯 정수리에 해가 떠오를 때 바위가 사람 얼굴 모습으로 나타나는 그 순간을 놓치지 않고 찍은 사진이다. 영락없는 거대한 사람의 얼굴 모양이다. 굳은 심지로 꽉 다문 입, 끓어오르는 열정을 가슴에 품고 먼 하늘을 응시하는 눈빛, 금방이라도 입을 열어 뭐라고 할 것 같은 준엄한 표정으로 보아 월출산을 지키는 수호신 같기도 하고, 나라의 미래를 짊어지고 나갈 큰 인물의 얼굴 같기도 하다. 사진을 보는 순간 나다니엘 호손(Nathaniel Hawthorne 1804~1864)의 단편소설 〈큰 바위 얼굴〉이 언뜻 떠올라 제목을 '큰 바위 얼굴'이라 붙였다.

돌이켜 보니 어려서부터 내 가슴속에도 '큰 바위 얼굴'이 자리 잡고 있었지 싶다. 고향 매미섬에서 언젠가 큰 인물이 나타날 것이란 막연한 기다림이 자리하고 있었다. 매미가 땅속에서 지난한 인고의 세월을 거친 후 우화를 통해 세상을 자유로이 훨훨 날듯이, 우뚝 솟은 대덕산과 육중한 큰 바위 범덕산의 정기를 받아 고향에서 태어난 누군가는 '큰 바위 얼굴' 같은 위대한 인물이 되어 나타날 것이란 생각이 막연하게 들곤 했었다.

내 나이 열 살 때인가. 4, 19 혁명이 일어났다. 큰마을大村에 사는 부잣집 둘째 아들이 서울에서 대학을 다니는데 광화문 앞에서 데모하다가 부상을 당했다는 소문을 들었다. 혁명이 무엇이고 데모가 무엇인지도 모르는 나이였지만 어쨌든 큰일을 했을 거라는 생각에 생면부지生面不知의 그분이 매미섬이 낳은 큰 인물이 될 거라는 생각이 들곤 했었다.

몇 년 후 독산石山 마을에서 태어난 또 다른 청년이 서울에 있는, 소위 명문대학인 연세대학을 졸업하고 굴지의 국영기업체에 입사하여 입신양명立身揚名을 하였다. 학창 시절 고향에 내려올 때면 사각모자를 쓰고 반듯한 교복을 입은 모습이 어찌나 늠름하고 당당해 보이던지 저 형이야말로 내가 꿈꾸던 사람이구나, 하는 생각이 들었다. 고향 섬마을에 농촌 봉사활동을 왔던 이화여대생들도 그 대학생을 보고 '이런 작은 섬에서도 서울에서 대학을 다니는 학생이 있느냐.'며 놀라더란 말을 전해 들었던 참이었다.

초등학교 한 후배는 서울대학교 법대를 나와 사법고시를 전국 수석으로 합격했다. 온 섬이 축제 분위기였다. 여객선이 닿는 부둣가에는 축하 플래카드가 내걸리고 동네 마당에서는 농악 소리가 울려 퍼졌다. 지역 국회의원뿐만 아니라 군수 등 주요 인사들이 생가를 찾아와 축하해 주었다. 우리나라에서는 둘째가라면 서운해할 법률사무소에서 국제변호사로 이름을 날리고 있다. 이 친구도 고향이 낳은 훌륭한 인물임이 틀림없다.

그런데 고향 사람들이 바라는 진정한 '큰 바위 얼굴'은 누구일까. 단지 좋은 대학 나와 돈 많이 벌고 높은 자리 꿰차고 앉아 자신의 이름만 세상에 남기는 사람일까. 아니면 비록 많이 배우지 못하고 가난할지라도 선산을 지키는 등 굽은 소나무처럼 고향을 묵묵히 지키며 살아가는 사람일까. 난 후자가 진정한 '큰 바위 얼굴'이 아닐까라고 가끔 생각해 볼 때가 있다. 소설 〈큰바위 얼굴〉의 주인공처럼 고향에 큰 인물이 나타나기를 바라면서 한평생 고향을 지키는 그의 석양에 물든 노년의 모습이 진짜 큰 바위 얼굴로 보였던 것처럼….

사람들이 바라는 '큰 바위 얼굴'도 시대와 상황에 따라 각각 다를 것이다. 암울했던 식민지 시대는 시인 이육사처럼 조국을 해방시켜 줄 '백마 타고 광야를 달려오는 초인超人'을 기다렸다. 전쟁으로 국토가 유린당하고 상처를 입어 피를 철철 흘리며 굶주리고 있을 때, 백성들은 보릿고개를 넘게 해줄 듬직한 아버지 같은 지도자가 필요했을 것이고, 지옥 같았던 군사독재 시절에는 억압과 탄압으로부터 해방시켜 줄 민주투사 정치지도자가 필요했을 것이다.

《죄와 벌》의 주인공 라스콜니코프가 바라는 위인은 목적이 수단을 정당화 할 수 있다는 이론을 앞세워 무차별하게 약소국을 침략하고 수많은 인명을 살해했던 나폴레옹 같은 초인超人이었는지도 모르고, 로마 총독 본디오 빌라도 통치하에 시달리던 유대인들은 억압과 핍박으로부터 해방된 독립 국가를 이룩해줄 구세주 메시아가 그들이 바라는 '큰 바위 얼굴'이었을 것이다.

다가오는 20대 대통령 선거가 벌써 뜨겁게 달아오르고 있다. 연일 TV 뉴스와 시사 프로그램은 대선에 관한 방송뿐이다. 눈만 뜨면 여론조사 결과를 중심으로 누가 앞서고 누가 뒤서느니 경쟁이라도 하듯이 보도하고 해설도 덧붙인다. 어떤 진영에서는 구룡九龍들이 예비 경선에 들어갔고, 또 다른 진영에서는 숭어와 망둥이를 빗대어 상대방을 헐뜯는 말싸움이 그치지 않는다. 어떤 예비주자는 전 국민에게 기본소득을 주겠다고 국민을 미혹하고, 또 어떤 주자는 정의와 상식이 무너진 나라를 다시 세우겠다고 결기를 다진다. 중요한 것은 이 나라에서 누가 국민이 바라는 진정한 '큰 바위 얼굴'일까일 것이다. 진영과 진영끼리, 후보와 후보끼리 헐뜯고 모략하는 짓으로 봐서 모두 다 내 눈에는 '큰 바위 얼굴'이기는커녕 자잘한 돌멩이들로밖에 뵈지 않는다. 이럴 땐 누가 '큰 바위 얼굴'감인지 노자老子께 여쭈어볼 일이다.

강과 바다가 수많은 골짜기를 거느리는 왕이 되는 까닭은/ 그가 능히 수많은 골짜기의 아래가 되기 때문이니/ 따라서 능히 수많은 골짜기의 왕이 되는 것이다. (江海所以爲百谷王/ 以其能爲百谷下/ 是以能爲百谷王)

스스로 낮은 자리로 임하는 자가 진정한 이 나라의 왕이 되리라고 노자는 이르고 계시다. 낮은 자세로 큰 강이 되는 사람이 진정한 이 나라의 지도자가 될 것이다.

수학여행

지금으로부터 60년도 더 지난 일이다. 초등학교 6학년 때 나는 수학여행을 다녀왔다. 꿈같은 새로운 세상을 체험할 수 있었다. 하기야 작은 섬에서 태어나 뭍에 한번 나가보지 못했던 섬 아이에게 이보다 더 큰 경험이 어디 있었겠는가.

섬마을 고향에는 하루에 한 번씩 오가는 여객선이 있었다. 하얀 디젤 연기를 뿜어대며 멀리서부터 울어대는 뱃고동 소리는 '저 먼 미지의 세계로 떠나거라. 어서어서 떠나거라.'며 날 유혹하는 소리로 들렸다. 바닷바람을 타고 오는 배 연기 냄새까지도 상큼하기까지 했다. 그 배를 타고 수학여행을 떠났으니 얼마나 신이 났을까. 태어나 처음 뭍으로 나간다는 생각에 마치 꿈을 꾸는 것만 같았다. 통통통 울리는 배 엔진 진동 소리에 가슴은 부풀고 심장은 더욱 쿵쿵 뛰었다.

섬과 섬 사이를 숨가쁘게 돌아 배가 목포항에 가까이 다가가자 우뚝 솟아 있는 유달산이 위풍당당하게 가부좌를 틀고 앉아있고, 서산동 언덕배기에는 갯바위 따개비처럼 작은 집들이 다닥다닥 붙어 있었다. 항구에는 크고 작은 배들이 분주하게 오가고 큰 화물선들은 잠자는 듯 항구에 정박해 있었다. 내가 타고 온 배보다 수십 배나 더 큰 것 같아 입을 쩍 벌린 채 한참이나 눈을 떼지 못했다. 선창에는 배에 오르내리는 사람들, 짐을 풀고 싣는 짐꾼들, 빵빵거리는 자동차 경적 소리와 사람들 사이를 곡예하듯 오가는 짐바리 자전거며 소리소리 외쳐대는 호객꾼들, 어디에 눈을 두어야 할지 어리둥절하기만 했다.

한참 후에 선창 어느 허름한 이층집 식당으로 안내되었다. 처음 보는 음식 이름들이 누런 마분지에 삐뚤빼뚤 쓰인 차림표가 벽에 붙어 있었다. 아마 중국집인 듯했다. 음식 이름들이 신기하고 우습기도 해서 크게 소리내어 읽으며 장난삼아 "계란덮밥이요!"라고 외치자 다른 아이들도 뒤따라 "자장이요!" "나는 가락국수이요!" "나도 짬뽕 곱빼기요!" "탕수육이요!" 저마다 차림표에 쓰인 요리 이름을 한마디씩 외치며 한바탕 웃어댔다. 들어보지도 못했던 신기한 음식들이어서 그랬을까. 식탁 위에는 똬리를 튼 하얀 면발 위에 까만 자장이 덮여있고 그 위에 반으로 잘린 하얀 달걀 속에 동그란 노른자 반쪽이 앉아있는 짜장면이 나왔다. 처음 맛본 향긋하고 고소하며 부드러웠던 짜장면 맛은 지금도 내 뇌리에 남아있는 최고의 맛이었다.

저녁에는 시내 구경에 나섰다. 휘황찬란한 네온사인이 길거리를 가득 채웠고. 매혹적인 자세로 멋을 부린 쇼윈도 안의 마네킹들이 미소를 지었다. 또 다른 섬 소년 하나가 유리창 안에 서 있었다. 신비하고 이상한 나라에서 새와 짐승과 다정하게 재잘거리는 꿈의 아이, 〈이상한 나라 엘리스〉처럼 나도 도시 밤의 휘황찬란한 네온사인과 화려한 쇼윈도 속의 마네킹들에게 홀려 정신이 나간 듯 그저 즐겁기만 했다. 밤새 꺼질 줄 모르는 도시의 화려한 밤은 섬 아이의 눈에는 신비롭고 화려한 이상한 나라였다.

다음날 수학여행의 목적지 해남 대흥사를 향해 뿌연 황토색 먼지를 일으키며 덜커덩덜커덩 달리는 시골버스를 탔다. 그래도 마냥 즐겁기만 했다. 참새들처럼 재잘거리는 아이들은 버스가 크게 흔들릴 때마다 와! 하고 외마디소리를 질렀다. 내가 가고 있는지 신작로 가에 서 있는 전봇대가 지나가고 있는지 도통 알 수 없는 노릇이었다. 어디론가 이렇게 끝없이 달려가고 싶은 것은 섬에 갇혀 자유를 갈망하던 섬 소년의 마음이 아니었을까.

드디어 대흥사에 도착했다. 경건한 마음으로 일주문을 들어서는 순간 깜짝 놀라 큰소리를 칠 뻔했다. 주먹을 불끈 쥐고 눈알을 부라리며 곧 내리칠 것만 같은 사천왕상이 나를 내려다보고 있지 않은가. 불법佛法뿐만 아니라 불법에 귀의하는 사람들을 수호하는 호법신이라고 하지만, 처음 마주하는 사천왕상 앞에서 무서워 기가 죽지 않을 아이가 어디 있었겠는가. 어찌나 무서웠던지 경내에 들어서자마자 조심조심 마치 오리 새끼들처럼 선생님 꽁무니만 졸졸 따라다녔다.

먼저 작은 인형 같은 불상 천 개가 나란히 줄지어 앉아있는 천불전에 도착했다. 갖고 놀기 좋은 인형 같은 귀여운 불상들이었다. 하나하나 뜯어 보니 표정도 모두 달라 보였다. 그들이 기원하는 것들도 표정만큼이나 모두 다르지 싶었다.

절의 중심은 대웅전이다. 그곳에는 황금빛 큰 부처님이 중앙에 앉아있었다. 보자마자 그 위용에 기가 죽었다. 부처님께 절을 해야 한다며 선생님은 우리를 법당으로 인도해 부처님 앞에 줄을 지워 세웠다. 이때 순간적으로 머리에 번개처럼 스치는 교회 주일학교 선생님의 말씀 '우상 앞에 절하지 말라!'에 정신이 번쩍 들었다. 부처님에게 절을 할 것인가 말 것인가, 순간 갈등이 생긴 것이다. 절을 하면 하나님께 죄를 짓는 것이고, 그렇다고 절을 않겠다고 단체 행동에서 빠질 수도 없는 노릇. 진퇴양난이었다. 선생님께서 부처님에게 향을 피워 올리고 돌아서서 "다 같이 절을 합시다."라고 했다. 나도 따라 엎드릴 수밖에. 그러나 고개를 곧게 쳐들고 부처님상을 물끄러미 쳐다보았다. 이렇게 하면 절은 하지 않은 것으로 생각했기 때문이었다. 그런데 뜻밖에도 이런 나의 무례한 행동을 보고서도 부처님은 나를 내려다보시며 빙그레 미소를 짓고 있지 않으신가. 이런 부처님의 미소를 보고나니 마음이 편안해지기 시작했다. 나는 하나님께도, 부처님께도 잘못하지 않았기 때문이다. 세상만사 모든 게 마음먹기에 달리지 않았겠는가.

경내를 벗어나 산중턱에 있는 '천년수千年樹'를 찾아갔다. 예닐곱 명의 아이들이 두 손을 잡고 빙 둘러서 보았지만 다 감쌀 수가 없었다. 이 나무는 어떻게 이렇게 오랫동안 살 수 있을까. 나뭇가지로 하늘을 뒤덮고 있는 천년수는 붉은 단풍이 들어 더욱더 아름다워 보였다. '늙은이는 웃어도 밉고, 아기는 울어도 예쁘다.'던데 사람도 나무처럼 늙어서도 아름다울 수 있으면 얼마나 좋을까. 선생님께서는 천년수 아래에 돋아난 새끼 단풍나무 하나를 조심스레 뿌리까지 뽑아 손수건에 조심조심 싸셨다. 돌아가 학교에 심을 것이라 했다. 그 단풍나무는 지금쯤 얼마나 컸을까.

철 지난 사진첩을 뒤지다가 우연히 발견한 빛바랜 사진 한 장. 그 사진은 대흥사 경내에서 찍은 초등학교 수학여행 단체 사진이었다. 얼마나 반갑던지 얼른 집어 들었다. 그리운 선생님들과 앳된 모습의 옛동무들이 나를 보며 웃고 있다. 나도 따라 웃었다. 나에게는 처음이자 마지막이었던 그 수학여행이 지금도 눈앞에 선연하게 떠오른다.

타지마할(Taj Mahal) 그 사람

이른 아침부터 정문은 관광객으로 북새통이다. 마치 공항 검색대를 거치는 것처럼 입장부터 까다롭다. 모든 소지품을 검사하고 심지어 볼펜 하나까지 휴대하고 들어갈 수 없다. 허락되는 것은 오직 카메라뿐. 그래도 세계의 새로운 칠대 불가사의 중 하나인 타지마할을 직접 내 눈으로 볼 수 있다는 생각에 이런 불편함쯤이야, 라며 마음을 고쳐먹으니 가슴이 다시 쿵쿵 뛰기 시작한다.

붉은 사암 벽돌로 축조된 다르와자(Darwaza) 정문을 통과하니 아침 햇살을 받는 하얀 대리석 타지마할이 정갈하고 완숙婉淑한 여인이 단아하게 앉아있는 모습처럼 환해 보인다. 해가 더 솟아오르자 수줍어 홍조 띤 여인의 얼굴처럼 엷은 분홍빛으로 물들어간다. 타지마할 앞 수로 양옆에는 사이프러스 사철나무가 열병하듯 줄지어 서 있고, 그의 아름다운 자태가 물속에 거꾸로 드리워져 있다. 첫눈에 반한 여인을 멍하니 바라보듯이 타지마할의 아름다움에 넋을 잃고 한참 서 있었다.

이때 "형님! 사진 찍을 좋은 장소 안내해 드릴게요."라며 누군가가 내 옆구리를 꾹 찔벅인다. 꾀죄죄한 차림에 짙은 갈색의 피부를 가진 왜소한 인도인이 다가와서 사진 찍을 명소를 안내하겠단다. 카메라를 메고 있는 한국 사람을 보면 나이를 불문하고 남자는 무조건 '형님', 여자는 '누님'이다. 일행 세 사람이 그의 감언이설에 감쪽같이 속아 넘어갔다. 자칭 '칸트'라 불리는 인도 가이드가 버스를 타고 오는 도중에 사진 찍을 명소를 안내하는 사람을 따라가면 좋은 사진을 찍을 수 있을 거라는 말을 들었던 참이라 그를 믿고 따라나선 것이다. "비용은 한 사람당 백 루피씩만 주세요."라고 당부까지 했었다. 사진 가이드를 따라나서자 이곳저곳을 가리키며 "원더풀! 이곳이 타지마할에서는 최고로 멋진 사진 촬영지지요."라며 혼자 감탄을 연발한다. 처음에는 그 사람 지시대로 사진을 찍어 보았지만 별로 신통치 않았다. 내가 보기에는 그저 평범한 포인트일 뿐이었다. 한 이십여 분 동안 몇몇 장소를 안내하고 이제 끝이란다. 그리고 가이드 비를 요구한다.

“얼마 줄까요?”

했더니 대뜸

“형님, 천 루피입니다.”

얼굴색 하나 변하지 않고 당당하게 요구한다. 난감했다. 세 사람이니까 삼백 루피만 주겠다니 그럴 수가 없단다. 한참 흥정한 후에

“그럼 오백 루피로 퉁 치자.”

라는 절충안에도 막무가내다. 서로 주장이 팽팽히 맞서는 가운데 그래도 지지 않고

“오백 루피 이상은 절대 줄 수 없다.”

고 우기자

“형님! 난 가이드 비 안 받아도 좋아요. 난 형님을 이곳에 안내한 것만으로도 행복합니다.”

라며 양어깨를 으쓱 들썩이며 그냥 가려는 시늉을 한다. 그러면서 툭 던지는 한마디

“이대로 내가 가면 형님은 행복하시겠어요?”

라는 말에 나도 항복하고 말았다.

“그래, 네가 그대로 가면 나도 마음이 편치 못하지!”

라는 생각에 그의 요구대로 흥정을 끝냈다. 아침부터 좀 씁쓸했지만 그를 보내고 나서야 다시 타지마할이 눈에 들어오기 시작했다.

인도를 점령한 무굴제국의 황제 샤 자한(Shah Jahan)은 무소불위의 권력자였다. 그의 아내 뭄타즈 마할(Mumtaz Mahal)은 열네 명의 아이를 낳다가 마지막 아이의 산후조리가 잘못되어 그만 세상을 떠나고 말았다. 아내를 지극히 사랑했던 샤 자한은 죽은 아내를 추억하기 위해 타지마할이라는 역사적인 이 무덤을 만들었다. 무굴제국의 고전적인 양식에 맞추어 건축된 타지마할은 무덤이기 이전에 예술의 극치를 보여주는 건축의 완성품이다. 지붕은 둥근 돔으로 되어 있고 건물의 네 모퉁이에는 네 개의 기둥이 높이 솟아있어 무덤 속에 잠들어 있는 뭄타즈 마할과 남편 샤 자한의 영혼을 호위하고 있는 든든한 호위무사처럼 보인다. 건물 벽면에 그려 넣은 아라베스크 풍의 무늬와 다양한 색깔로 무늬를 박아 넣은 비문이 아침 햇살에 반짝거린다.

타지마할 경내로 들어섰다. 사진 촬영도 금지다. 두 사람이 잠들어 있는 무덤 주위는 대리석에 섬세하게 조각된 창살 무늬 벽이 병풍처럼 빙 둘러쳐져 있다. 실내 내부의 벽면도 아침 햇빛이 사선을 그으며 쏟아져 내린다. 무덤 안이 마치 특수조명을 받는 것처럼 밝고 찬란하다. 캄캄한 무덤 속에 묻혀있을 아내를 생각하여 햇살이 드는 밝은 무덤으로 설계한 자상함까지 보인 것일까. 죽은 아내를 위해 저렇게 크고 아름다운 무덤을 지을 생각을 했다니, 샤 자한의 아내 사랑이 한없이 크게만 느껴진다.

샤 자한은 말년에 아들 아우랑제브(Aurangzeb)에게 왕위를 박탈당해 죄수의 몸으로 야무강 건너편 아그라 요새의 팔각탑에서 사랑하는 아내 뭄타즈의 묘를 바라보며 여생을 보냈다. 달 밝은 밤에는 은백색으로, 동틀 무렵에는 엷은 분홍색으로, 해 질 무렵에는 노을에 붉게 물드는 타지마할을 바라보며 마치 사랑하는 아내 생각에 눈물을 흘렸을 샤 자한의 모습을 본 것처럼 눈앞에 선연하다. 죽어서 아내 곁에 묻힌 샤 자한은 아내의 무덤이자 자신의 무덤을 미리 지은 셈이 되었다. 한 시대를 풍미했던 왕조가 패망하고 왕과 왕비가 말없이 관에 묻혀 나란히 누워있는 슬픈 역사 속에 세상 부귀영화가 진토만도 못하다는 생각이 들어 타지마할이 더욱더 애잔한 아름다움으로 다가온다. 마침 오늘이 힌두력으로 보름. 흰 대리석의 타지마할은 보름달 아래서 볼 때 그 미학이 완성된다고 하던가. 오늘 밤 타지마할은 얼마나 더 아름다울까. 밤하늘 허공에 떠 있는 신비의 궁전처럼 보일지도 모른다. 사랑하는 아내를 생각하며 밝은 달밤에 타지마할을 바라보던 샤 자한의 마음으로 달밤의 타지마할을 꼭 한번 보고 싶다.

경내 관광과 사진 촬영을 마치고 정문으로 되돌아 나서려는 순간, 어디선가 "형님! 행복하세요."라고 외치는 소리가 들린다. 뒤돌아보니 아침 사진 가이드 그 인도인이 아닌가.

"그래, 자네도 행복하시게."

나도 한마디하고 손을 흔들어 주었다. 타지마할에서 만난 그 인도인이 어쩌면 타지마할 오늘의 진짜 주인인지도 모르겠다. 서울의 고궁과 청와대가 왕과 대통령의 것이 아닌 모든 국민의 것인 것처럼.

제2부 / 삐뚤이고동

갯벌

땅인 듯 땅이 아닌, 바다 같은 땅이 있다. 태양과 지구 그리고 달이 서로 밀고 당기며 보이지 않는 힘으로 밀물과 썰물을 통해 바다와 육지 사이에 땅을 만들었다. 갯벌이다. 일월성신日月星神의 신력神力과 우주의 기본 원리인 음양의 이치에 따라 태어난 갯벌은 탄생부터가 성스럽고 신비스럽다. 죽은 듯 살아있고, 침묵하는 듯 역동적이며, 눈에 보이는 듯 어느 순간 사라져 버리는 환상의 땅이다. 갯벌은 하루에도 두 번씩 목욕재계하고 우주의 기를 받아 생명의 순환과 탄생의 환희가 끝없이 울려 퍼지는 곳이다.

나는 어린 시절 갯벌과 가까이 살았다. 갯벌에서 살아가는 눈 불뚝이 짱뚱어며, 순진한 망둥이, 붉은다리농게, 어리어리해 보이는 칠게 그리고 무골호인 낙지는 나와 함께 섬에서 자란 친구들이다. 섬이 갯벌로 둘러싸여 있으니 여름에 부는 마파람이나 가을의 하늬바람을 타고 밀려오는 짭조름한 갯내음은 내 코끝을 항상 간질거렸다. 갯내음은 어머니 품속 젖 냄새와 당신이 항상 쓰시던 당목 수건에서 풍기는 시큰한 땀 냄새, 은은한 동백기름 냄새가 어우러진 또 다른 향기였다. 바닷가에 갈 때는 으레 어머니 생각에 갯내음을 깊이 들이마시면 어머니 냄새가 난다.

또래 아이들과 바닷가 모래밭에 옷을 홀랑 벗어놓고 갯벌 진창에 들어가 뒹굴면 어느덧 우리는 짱둥어가 되어버렸다. 눈 흰자위만 보일 뿐 온몸이 까맣게 검둥이가 되어 서로 쳐다보면 웃음이 절로 터져 나왔다. 갯벌의 고운 진흙을 얼굴과 온몸에 뒤집어써 분장을 하고 나면 간땡이가 부어 아무것도 뵈는 게 없어 부끄러움도 잊은 채 넓은 갯벌에서 쌍방울을 울리며 달리기도 했다. 또 푹푹 빠지는 진창에서 서로 몸을 부둥켜안고 벌이는 씨름판도 재미있었다. 이전투구식이었다. 갯고랑에 밀물이 들어올 때면 몰려오는 모치 떼를 몰아 잡기도 하고, 날쌘돌이 졸복을 쫓아다니며 물장구를 치기도 했다. 꼬막이며 모시조개를 캐다 보면 어느덧 해가 바다 건너 밤섬을 넘어가고 하늘은 붉게 물들었다. 고양이 앞가슴 털보다 더한 부드러움과 한없이 편안한 자유로움을 갯벌 말고 또 어디에서 느낄 수 있을까. 나에게 갯벌은 어린 시절 향수가 서려 있는 아련한 꿈속 세계다.

중학교 시절, 도시에 나가 자취하며 살다가 주말에 집에 오는 날이면 기다리기라도 한 듯이 먼발치에서 아들을 알아보고 어머니는 밭 매던 호미를 내팽개치고 곧장 갯벌로 달려가셨다. 치마를 걷어 허리춤에 질끈 동여매고 저고리 소매를 둘둘 걷어 올린 후 갯고랑에 들어가 갯골을 더듬어, 낙지며 망둥이 그리고 돌게를 바구니가 묵직할 정도로 잡아 머리에 이고 집으로 돌아오셨다. 잡아 온 낙지는 무쇠 칼로 탕탕 조아서 낙지탕탕이로, 망둥이는 꼬챙이에 끼워 부엌 아궁이 은은한 잿불에 굽고, 돌게는 등딱지를 벗겨 돌게장을 담가 지쳐 돌아온 아들에게 정성껏 차려 먹여 힘을 돋게 하셨다. 맛있게 먹는 아들의 모습을 보며 얼마나 흐뭇해하셨을지 그때는 짐작이나 했을까. "마른 논에 물들어 가는 것과 자식 입에 밥 들어가는 것은 같은 것이여."라고 하시며 밥 먹는 아들의 모습에 환한 얼굴을 하고 만족해하시던 어머니의 모습이 지금도 눈앞에 선연하다.

갯벌에 관한 추억이 어디 이뿐이랴. 먼 남쪽 나라에서 북쪽 나라로 오가던 철새들도 날개가 지치면 고향 갯벌에 내려앉아 쉬어가곤 했다. 하늘을 까맣게 뒤덮던 도요물떼새, 기럭기럭 울어대는 기러기 떼, 걸음걸이조차 우아한 황새며 흑두루미들, 먹이를 찾아 부리로 노를 젓는 노랑부리저어새, 하얀 목도리로 멋을 잔뜩 부린 흰뺨청둥

오리 등 갖가지 철새들이 찾아드는 고향 갯벌은 사시사철 새들이 찾아드는 철새의 낙원이었다. 철새들이 지친 날개만 쉬고자 이곳에 머물렀을까. 우주의 에너지가 서려 있는 갯벌의 기를 받고 배를 채우며 다음 비행에 대한 꿈을 꾸며 쉬어가는 것이었을 게다.

보리가 누렇게 익어갈 무렵, 고향 앞바다는 황석어며, 부서, 조기, 준치, 민어, 숭어 같은 고기떼들이 몰려들었다. 소 울음소리 같은 소리를 내며 부서와 민어가 올라올 때면 파시가 들어설 정도로 고기가 많이 잡혀 풍요로울 때도 있었다. 이들이 이곳으로 모여드는 이유는 오직 한 가지, 산란하기 좋은 갯벌이 있어서일 것이다. 사람이 안전하고 편안한 어머니의 자궁 안에서 잉태되듯이 물고기들도 안전한 갯벌에 알을 낳고 싶어 먼 바다에서 이곳까지 찾아왔으리라. 갯벌은 바다 생명의 숭엄한 태자리가 아닌가 싶다.

바다와 육지의 경계선에 자리하고 있는 갯벌은 두 세계를 이어주는 다리와도 같은 존재다. 바다 생물이 육지로, 육지의 동물이 바다로 가고 싶으면 항상 이 다리를 건너야 한다. 바다달팽이가 육지를 꿈꾸며 갯벌에서 민챙이로 살다가 뭍으로 기어 올라갔을지도 모르는 달팽이로 살아가듯이, 육지에서 살던 고래 조상 파키케투스가 갯가에서 혹등고래를 꿈꾸다가 바다를 향해 뛰어들었듯이, 갯벌은 지옥과 천국의 중간지점에 있는 연옥처럼 진화를 꿈꾸는 모든 것들이 모여 때를 기다리는 곳이기도 하다.

고대 그리스 철학자 플라톤은 우주 탄생의 기원을 상상하면서 혼돈과 질서 사이에 존재하는 그 무엇을 상정해야만 했다. 이것을 통하지 않고서는 만물은 존재할 수 없다는 것이 그의 이론이었다. 그는 만물이 생성하는 근원의 시공간을 '코라chora'라고 불렀다. 태아가 세상에 태어나기 위해 반드시 안주해야만 하는 어머니 자궁 속 같은 곳, 어둡고 축축하지만 태아에게 자양분을 공급하여 인간의 모습을 갖추게 하는 구별된 시공간 같은 곳, 이곳이 바로 갯벌이 아닌가 한다. 이 순간에도 갯벌은 수많은 생명의 순환과 탄생의 환희가 끝없이 울려 퍼지고 있는 우주의 자궁과도 같은 성스러운 땅이다.

나에게 갯벌은 삶의 시작과 아름다운 추억과 모성애를 느끼게 하는 향수의 원형이다. 지금도 문득 고향이 그리워지면 나의 마음은 고향의 그 질펀한 갯벌을 향해 끝없이 달려간다.

삐뚤이고동

훈훈한 남풍이 매미섬에 불어와 곤히 잠들어 있는 수선화를 일깨워 세운다. 잠에서 부스스 깨어난 수선화가 벙글었던 꽃망울을 터뜨리자 매미섬은 수선화 꽃 축제로 인산인해다. 고향을 떠났던 출향민들이 돌아오고, "떡 본 김에 제사 지낸다."고 초등학교 각 동창회가 고향에서 열렸다. 동네마다 시제를 아예 이참에 지내자는 문중들도 생겨났다. 매미섬에 하늘이 열리고 이리 많은 사람이 몰려왔던 때도 없었으리라.

고향을 떠나 살던 매미섬의 후예들을 고향으로 이끄는 구심력은 아마도 기억 속에 가물거리는 유채꽃의 아련한 '노란색'과 짭조름하고 향긋한 '삐뚤이* 맛'에 대한 옛 향수가 아니겠는가.

---

*비틀이고동의 전라도 방언.

삐뚤이는 고동 중에서도 가장 못난 고동이다. 비대칭의 몸이 주둥이 쪽으로 올라오면서 더욱 틀어져 삐뚤이라는 달갑지 않은 이름을 얻게 되었을 것이다. 삐뚤이의 사촌격인 통통한 대고동과 미끈한 참고동에 비해면 삐뚤이의 생김새는 내세울 만한 것이 하나도 없다. 손가락 한 매듭 정도의 크기에 나사처럼 비비 꼬인 비대칭의 길쭉한 원뿔 모양 패각貝殼을 집으로 삼고 운명으로 살아가는 보잘것없는 신세이니 두말해 무얼 하랴. 그러나 삐뚤이에게 더 정이 가는 것은 그 못남 때문일 수도 있다. 자식도 못난 놈에게 더 정이 간다는 말이 삐뚤이를 두고 하는 말이지 싶다.

못생겼다고 맛까지 없을까. 맛은 겉보기와는 다르다. 해삼, 멍게, 성게는 보기에는 혐오스럽지만, 그 맛은 사람의 입맛을 사로잡는다. 아귀, 물메기, 도치는 또 어떤가. 생김새가 민망할 정도라지만 북풍한설 몰아치는 추운 겨울에 해장국으로서는 최고로 치지 않던가. 볼품없는 삐뚤이의 맛과 향은 어떤 고동도 비할 바가 못 된다. 특히 어린 시절 고향에 대한 향수를 말할 때는 삐뚤이를 빼놓을 수가 없으니 맛을 꼭 외모로만 논할 것도 아니다.

삐뚤이의 이러한 맛 때문에 별다른 간식거리가 없던 시절 갯가에 가면 지천에 널려있던 삐뚤이를 바리바리 주워다가 가마솥에 삶아 놓으면 아이들은 수시로 주전부리로 삼았다. 단단한 석회질 패각 속에 들어있는 삐뚤이는 꼬투리를 돌로 깨든지 아니면 펜치 같은 연장으로 깨서 빨아 먹어야 하지만, 성미 급한 녀석들은 삐뚤이 꼬투리를 '아작' 소리가 나게 의기양양해 하며 이빨로 깨서 빨아먹곤 했다. 아이들뿐만 아니라 저녁을 먹고 나서 온 식구들이 마당에 멍석을 깔고 멧돌을 중심으로 빙 둘러앉아 낮에 삶아 놓은 삐뚤이를 호미 등으로 꼬투리를 깨서 빨아먹었다. 삐뚤이 빠는 소리가 마치 여기저기서 소쩍새 우는 소리처럼 들렸다. 밤새 빨아도 물리지도 않고 배도 차지 않던 삐뚤이. 그것은 섬마을의 무료함을 달래는 추억 속의 주전부리였다.

삐뚤이는 갯벌과 장불** 사이 갯바위와 갯돌이 널려있고 서걱거리는 거친 모래 갯벌에서 살아간다. 조악한 환경에 살면서도 누구 한번 원망하지 않고, 잘 보이려 자신을 드러내거나 큰소리 한번 치지 않는, 웅그린 채 갯벌에 코를 박고 살아가는 미물微物이다. 삐뚤이가 살아가는 이러한 모습이 어쩌면 불편하고 살기 힘든 작은 섬에서 묵묵히 살아온 옛 조상들의 삶의 모습을 닮아있지 싶어 더 마음이 가는지도 모르겠다.

단단한 석회질 패각을 삶의 무게처럼 짊어지고 힘겹게 살아가는 삐뚤이는 세상 부귀영화를 초연한 마음으로 살아가는 민초 같은 존

**썰물 때 드러나는 너른 모래밭의 전남 방언.

재다. 어느 바다 생명체보다도 굼뜨고 행동반경도 짧아 어쩌면 한곳에 뿌리를 내리고 살아가는 나무나 다를 바가 없다. 기껏 멀리 가봐야 태어난 주위를 빙빙 돌며 한평생을 지낼 뿐이다. 이렇게 따분한 삶을 살아가지만 그렇다고 아무 생각도 없이 살아갈까. 달 밝은 밤에 조용히 밀려오는 파도 소리에 우주의 창조 신화에 귀기울이기도 하고, 갈매기 끼룩끼룩 울어댈 때면 파란 창공을 바라보며 갈매기 날갯짓을 따라 하늘을 나는 꿈을 꾸기도 할 것이다. 마음이 답답하고 따분할 때면 그림도 그릴 줄 안다. 갯바위에 올라 슬슬 기어 다니며 입에서 토해내는 점액질을 먹물 삼아 부드러운 곡선으로 자신이 꿈꾸는 세상을 그림으로 그린다. 점과 선 그리고 더 나가 바위 전면에 누구도 해석해 낼 수 없는 신의 세계와 자신의 존재 의미를 추상화로 표현하는 것이다.

자존심 또한 하늘 높은 줄을 모른다. 아무리 멋진 사람을 만나도 먼저 손을 내미는 법이 없다. 아무리 뜨겁고 열정적인 입술이 다가와도 흔들리지 않는다. 범강장달范彊張達이*** 같은 사내가 입술을 대고 힘주어 겁탈하듯 빨아대도 그의 입술과 마음은 열리지 않는다. 그

***키가 몹시 크고 우락부락한 사람을 가리키는 말. 범강장달이는 《삼국지》에 나오는 인물로서 자기의 대장 장비張飛를 죽인 사람인데, 이와 같이 완강하고 흉악한 인물 같다는 말.

렇다고 까칠하다거나 배타적이지도 않다. 신사답게 다가오는 누군가에게는 마음이 항상 열려있다. 최소한 꼬투리 정도라도 따주는 성의를 보일 때야 비로소 마음의 문을 연다. 마음의 문이 열린 삐뚤이는 살며시 다가오는 입맞춤에 못 이기는 척 몸을 맡기는 것이다. 그 '쪽'하는 삐뚤이와의 장쾌한 입맞춤 소리와 짭조름하고 상큼한 바다 향이 입안 가득할 때의 그 맛이 고향의 추억 어린 참맛이 아니었던가.

선착장에 자리 잡은 부스(booth)에는 고향 매미섬의 콩, 김, 두릅, 고사리 등이 진열되어 있고, 수선화밭 한가운데 카페에는 쌀로 만든 누룽지 과자와 금잔화 꽃차, 천일염으로 토핑한 건강 빵과 먼 나라에서 온 커피가 불티나게 팔린다. 꽃밭으로 가는 길목의 포장마차에는 매미섬 특산물인 낙지와 고구마막걸리가 방문객들의 마음을 호린다. 그런데 축제장 한편이 왠지 휑하니 허전하다. 이런 축제장에 어김없이 등장하던 고향의 먹거리, 구수한 냄새를 풍기며 곤로 위에서 팔팔 끓고 있을 삐뚤이가 아무리 찾아도 보이지 않아서다.

삐뚤이가 고향 수선화 축제에 초대를 받지 못한 모양이다. 세상이 변하니 향토 맛도 변해가는 것일까. 삐뚤이와의 추억이 서려 있는 세대가 가고 나면 삐뚤이는 고향 사람들의 뇌리에서 영영 잊히지 싶어 안타까움에 마음 한구석이 시려 온다. 외톨이가 된 삐뚤이는 토라져 웅그리고 앉아 감태 나루 갯가에서 울고 있을지도 모르겠다.

깡다리 예찬

화사한 봄꽃이 화르르 무너지는 날, 들판엔 청보리가 누렇게 익어가고 연둣빛 나뭇잎은 갈맷빛으로 물들어 간다. 이때쯤이면 육지만 변해가는 것이 아니라 바닷속도 너울너울 일렁이며 변해간다. 겨우내 먼 남쪽 바다에 머물러 있던 회유성回游性 물고기들이 먹이를 찾아 이동하는 아메리카 들소들처럼 칠산바다로 떼를 지어 몰려든다.

5월이면 고향 앞바다로 영락없이 찾아오는 조기, 준치, 민어, 병어…. 이름만 들어도 알 만한 귀하고 값비싼 생선들이다. 이들 틈에 끼여 이름도 생소하고 모양도 보잘것없는 생선도 덩달아 올라온다. 이름하여 깡다리다. 작고 흔해빠져 뚜렷한 존재감도 없는 이 녀석은 지역에 따라 황세기, 황숭어, 황실이, 황서리 등 여러 가지 이름으로 불리기도 한다. 깡다리라는 이름은 '강다리'의 전라도 지역 방언으로 어딘가 힘이 있고 야무진 면이 있어 보이는 정이 가는 생선이다.

이렇게 하잘것없어 보이는 깡다리도 어엿한 족보를 가진 자존심이 있는 생선이다. 굳이 따져 보자면 농어목 민어과에 속하는 족속으로 조기, 민어, 부서, 백조기 등과 가까운 일가를 이루고 있다. 지각없는 사람들은 이런 깡다리를 그저 조기 새끼로 치부하는 사람들이 있지만, 이것은 어디까지나 깡다리의 독립성과 정체성을 무시하는 처사다.

참조기처럼 누런 황금색을 띠고 있는 깡다리는 물고기 중에서 보기 드문 황족皇族의 후예라고 해도 과언이 아니지 싶다. 어디 물고기가 감히 황금색을 띠고 태어나기가 그리 흔한 일인가. 황금색이란 천지현황天地玄黃 우주홍황宇宙鴻荒, 즉 하늘은 검고 땅은 노라며 하늘과 땅 사이는 넓고 커서 끝이 없다는 뜻으로 우주의 근본인 땅을 의미할 뿐만 아니라 한없이 크다는 뜻을 지니고 있다. 노랑 바탕에 황룡을 금실로 수놓은 임금의 곤룡포나, 오방색 중 중심을 상징하는 색이 바로 노랑 황금색이니 황금색 깡다리는 비록 작고 볼품은 없지만 귀한 물고기임이 틀림없어 보인다. 크기로 봐서 참조기에 비해 성골은 되지 못할지언정 진골은 넉넉히 되고도 남을 만하지 않는가. 어쩌면 이 세상에 부귀와 풍요를 주기 위해 찾아온 물고기가 아닐까 한다.

깡다리는 몸집에 비해 머리가 제법 큰 편이다. 몸체 삼 분의 일 정도가 머리이고 보면 어느 생선보다도 머리가 차지하는 비중이 크다. 반짝이는 다이아몬드 화관을 쓴 깡다리의 큰 머리는 진화가 되어 뇌의 용량도 크다는 뜻일 터, 생각하는 바도 뜻하는 바도 어느 물고기에 비교가 안 된다는 뜻일 게다. 같은 종족인 조기나 민어는 오로지 임금님 수라상에나 조상님 제사상에 오를 꿈을, 병어나 준치는 풍족한 사람들의 술상 안줏감이나 미식가들의 횟감으로 상에 오를 꿈을 꾸겠지만, 깡다리는 오로지 배경 없고 힘없는 가난한 자들의 부실한 밥상을 생각하며 뭍으로 올라오는 사려思慮 깊은 생선이다.

깡다리는 크기가 작아 마리 단위로 팔리지 못하고 궤짝이나 그릇으로 팔리는 물고기다. 마을 바닷가에 깡다리 배가 들어오면 어머니께서는 물동이에 보리를 가득 채워 이고 가서 그 동이로 깡다리를 가득 담아 오셨다. 그날 저녁은 알이 통통히 밴 깡다리찜 요리를 먹을 수 있었다. 고소하고 부드러운 살과 뼈까지 부드러워 먹을 수 있는 맛있는 요리였다. 오랜만에 가난한 집 밥상 위에 올라온 푸짐한 단백질을 배를 두드리며 실컷 먹을 기회였던 셈이다. 찜해 먹고 난 나머지 깡다리는 젓갈을 담았다. 보리밥 한 그릇에 곰삭은 깡다리젓갈 한두 마리는 다른 반찬이 필요 없는 밥도둑이었다. 먹고 남은 깡다리젓갈은 김장할 때 기본양념 재료로 전라도 김치의 감칠맛이 바로 이 곰삭은 깡다리젓갈에서 우러나는 것일 게다.

이런 깡다리도 한때는 젊은 여인들을 달뜨게 했던 생선이었다. 깡다리가 칠산바다에 올라온다는 소문이 퍼지면 비금도 원평항에는 파시가 들어섰다. 물때 따라 찾아오는 갈매기처럼 도시의 젊은 색시들이 깡다리 뒤를 좇아 섬으로 들어왔다. 입술에 붉은 립스틱을 칠하고 동동구루무를 얼굴에 듬뿍 찍어 바른 다음 그 위에 하얀 박가분으로 토닥토닥 화장을 마무리한 색시들이 매혹적인 분 냄새를 풍기며 깡다리 잡이를 나간 어부들을 기다리는 비금 원평항은 밤이면 불야성을 이루었다. 사리때 바다의 양기를 듬뿍 받아 힘이 오를 대로 오른 젊은 어부들이 조금때가 되어 깡다리로 만선을 이루어 원평항으로 들어오면 곱게 분단장을 한 색시들이 코맹맹이 소리와 간지럽게 애교를 떠는 유혹에 그냥 무너지지 않을 어부가 어디 있었겠는가. 밤이면 술상에 둘러앉아 젓가락 장단에 목청껏 불러대는 산다이 판 노랫소리와 젊은 남녀의 낮뜨거운 포옹과 오가는 진한 농담, 술에 취해 비틀거리면서도 세상의 주인이나 된 듯이 호기롭게 갈짓자걸음을 걷는 어부들의 모습에 깜짝 놀란 깡다리는 두 눈을 퍼렇게 뜨고 잠들 때도 눈을 감을 줄을 몰랐으리라.

비금중학교 교감 시절, 원평항으로 들어온 싱싱한 깡다리 한 궤짝을 사서 봉지 봉지 만들어 냉동실에 넣어두고, 아내가 준비해준 다진양념을 넣고 아침 기상 후 뒷동산에 올라 따온 싱싱한 취나물과 고사리를 넣어 자작자작 끓인 매운탕 맛은 지금도 잊을 수가 없다.

가난한 사람들의 빈약한 밥상을 걱정하며 뭍으로 올라온 깡다리는 어느 어진 임금보다도 또 어떤 현명한 철학자보다도 더 덕스럽고 사려 깊은 생선이 아니겠는가. 물가도 천정부지로 치솟아 주머니가 얇아진 요즘 세상에 깡다리만큼이나 고마운 물고기가 또 어디 있을까.

대림시장 어물전에 깡다리가 첫선을 보였다. 반가운 마음에 아내를 졸라 두 그릇을 샀다. 가난한 나도 오랜만에 깡다리찜에 맛있는 저녁을 한번 먹어 볼 참이다.

갑오징어

일상이 지루하고 심드렁해질 때면 나는 동네 재래시장에 간다. 재래시장은 들머리부터 왁자해 생기가 돌아 좋다. 과일가게 아저씨의 돼지 멱따는 듯한 호객 소리와 꽃가게에 환하게 피어있는 알록달록한 꽃들, 족발집 진열장 위에서 빙그레 웃고 있는 돼지머리는 볼 때마다 따분한 기분도 금세 풀어준다. 그러나 뭐니뭐니 해도 나의 관심은 생선가게에 있다. 항상 보는 고등어나 조기 같은 생선보다는 낯선 생선에 관심이 많아 어떤 생선이 나왔을지 이리저리 둘러보는 재미도 쏠쏠하다. 오늘은 이곳 시장에서 좀처럼 보이지 않던 갑오징어가 생선가게 좌판대 한구석에 누워있다. 까마귀도 잡아먹었다던 전설적인 녀석이 아니던가. 반갑다.

초등학교에 다니던 무렵이었을 게다. 보리가 누릇누릇 익어갈 무렵 마파람이 살랑살랑 일기 시작하면 가슴이 설렌다. 바람이 그치지 않고 밤새 불어 주기를, 그것도 바다가 하얗게 뒤집힐 정도로 세찬 바람이 불어 주었으면 속으로 간절히 바랐다. 밤새 잠을 설치고 아침에 눈을 비비며 부스스 일어나서는 바구니를 챙겨 들고 동네 앞 청섬으로 내달렸다. 갑오징어를 주우러 가는 것이다.

큰바람이 불고 나면 갑오징어는 죽어서 바닷가로 떠밀려 왔다. 어떤 녀석은 모래밭에 하얀 배를 드러내고 벌러덩 누워있고 또 어떤 녀석들은 알록달록한 등을 웅크리고 돌 틈 사이에 숨어 엎드려 있다. 보물을 찾듯이 바위틈 사이를 자세히 살펴야 눈에 보인다. 섬을 한 바퀴 돌고 나면 바구니가 묵직할 정도로 갑오징어 몇 마리쯤은 쉽게 주워 담을 수 있었다. 그러나 이런 횡재도 결코 쉬운 일이 아니다. "일찍 일어나는 새가 벌레를 잡는다."고 한 발짝이라도 먼저 나선 사람이 임자가 되는 것은 당연한 일. 그래서 바람이 불고 난 후 아침에는 바닷가로 서둘러 내달렸던 동네 사람이 아이들뿐만 아니라 어른들도 한둘이 아니었다.

갑오징어는 연체동물 중에서도 생김새부터가 좀 특이한 녀석이다. 짧은 발 여덟 개와 긴 촉수 두 개 모두 열 개의 발을 가지고 있다. 입은 발이 모여있는 한가운데 숨어 있고 입 뒤쪽 머리에 마치 코끼리 눈같이 생긴 왕방울 눈이 좌우에 붙어있다. 원통처럼 생긴 몸통의 양옆에는 등과 배로 나누는 하얀 옆줄을 따라 주름 잡힌 레이스 모양의 지르러미가 하늘하늘 나풀거린다. 배는 하얗고 등은 회색 바탕에 얼룩얼룩한 짙은 갈색 무늬가 그려져 있다. 이러한 무늬나 색깔도 환경에 따라 수시로 바꾸는 변장술의 귀재다. 그뿐이랴. 연체동물 중에서는 유일하게 뼈대가 있는 놈이라고 큰소리를 치고 사는 녀석이다.

정약전 선생은 《자산어보》에서 갑오징어를 '오적어烏賊魚'라 불렀다. 수압을 잘 견디지 못하는 갑오징어가 해수면에 자주 올라와 떠 있는데 날아가던 까마귀가 다가와서 낚아채려 하다가 오히려 갑오징어가 열 개의 발로 까마귀를 잡아 물속으로 끌고 들어가 잡아먹는다고 해서 붙여진 이름이다. 즉 까마귀의 적이라는 뜻이다. 왜 하필이면 많은 새 가운데서 까마귀였을까. 아마도 옛사람들은 갑오징어가 몸속에 어떻게 먹물을 품고 있는지 설명하는데 옹색했을 게다. 그래서 궁여지책으로 생각해 낸 것이 까만 까마귀를 잡아먹었으니 갑오징어가 까만 먹물을 품을 수 있다는 논리를 펴고 싶었을 것이다. 기발한 아이디어다. 어쨌든 갑오징어를 까마귀까지 잡아먹는 용기와 지혜를 지닌 동물로 탄생시켜 놓았다.

갑오징어는 갑옷 같은 뼈도 등속에 지고 산다. 그래서 붙여진 이름이 갑甲오징어다. 하지만 엄밀하게 따지자면 그건 뼈가 아니다. 그것은 공기 방울이 가득한 미세 석회질 공간으로 구성된 구조물이다. 이것의 역할도 싸움을 위한 갑옷이 아니라 수압을 견디면서 부력을 조절하여 물위로 떠오를 수 있게 하는 일명 구명조끼와도 같은 것이다. 어떤 연체동물도 상상할 수 없는 갑오징어만의 생존을 위한 탁월한 선택이 아닌가 싶다.

이 오징어 뼈가 약방이 없던 섬마을에서는 상비약으로 귀하게 쓰였다. 밥을 먹고 체해 속이 답답하거나 거북할 때는 갑오징어 뼈를 수저로 박박 긁어 가루를 낸 다음 식초를 부어 마시면 금방 시원한 트림이 올라와 속이 편안해졌다. 동네 이발을 맡아 해주시던 동기 당숙님은 위장이 약해서 얼굴이 누렇게 떠 있었고 항상 배를 움켜잡고 다녔다. 이발할 때도 속이 편치 못해 끄륵거릴 때가 많았다. 그러나 갑오징어 뼈를 갈아 먹으면 언제 그랬냐는 듯 얼굴을 환히 펴고 머리털이 뽑히지 않게 바리깡질을 잘해서 머리를 부드럽게 잘 깎아주었다. 이발을 아프지 않게 할 수 있었던 것도 이 갑오징어 뼈 덕분이 아니었겠는가.

갑오징어는 변장술에도 뛰어나다. 이것은 적으로부터 피하기 위한 행동이지만 먹이를 유인하기 위한 위장술이기도 하다. 육지의 카멜레온이나 사촌뻘인 문어 못지않게 주위 환경에 따라 순식간에 변화무쌍한 재주를 부린다. 바위 뒤에 숨어 긴 다리 두 개를 마치 해초처럼 흔들거리다가 먹이가 다가오면 잡아먹는 유인술까지 겸비하고 있으니 그 재주를 또 어떤 물고기에 비교할 수 있으랴.

뭐니뭐니 해도 갑오징어가 자기 절제 능력을 지니고 있다는 것이 놀라운 사실이다. 유인하는 먹잇감이 코앞에 다가왔을 때 가리지 않고 당장 잡아먹을 것인가 아니면 기다렸다가 더 크고 맛좋은 먹잇감을 잡아먹을 것인가를 결정하고 기다릴 줄 아는 능력을 지니고 있다는 사실을 과학자들이 실험을 통해서 최근에 발견했다. 갑오징어의 '마시멜론 실험'의 결과라고 해야 할 대단한 발견이다. 사람만 자기조절능력을 지니고 태어난 것이 아니라 갑오징어도 이러한 판단능력을 지니고 있으니 하등 동물이라고 하시下視해서는 결코 안 될 일이다.

어릴적 추억이 깃든 갑오징어를 우연히 동네 재래시장 좌판대에서 만났다. 고향 사람을 만난 것만치나 반갑다. 지금도 마파람이 불면 내 고향 청섬 바닷가에는 갑오징어가 떠밀려오려나. 문득 고향 생각이 난다.

해낙지

낙지를 잡는 방법은 여러 가지다. 옷소매를 둘둘 걷어 올린 후 한쪽 빰이 갯벌에 닿을 때까지 갯벌 낙지 구멍에 팔을 깊이 쑤셔가며 잡기도 하고, 날렵한 삽으로 낙지 구멍을 잽싸게 파서 잡기도 한다. 잡은 산낙지를 또 다른 낙지 구멍 위에 묻어 두었다가 구멍 속의 낙지를 유인해 잡는 방법도 있고, 칠게를 미끼로 단 주낙을 바다에 던져 혹해 달라붙은 낙지를 잡는 방법도 있다. 그러나 뭐니뭐니 해도 가장 흥미로운 낙지잡이는 캄캄한 밤에 횃불을 들고 먹이사냥 나온 낙지를 잡는 해루질일 것이다. 이렇게 잡은 낙지를 우리 고향에서는 해낙지라 부른다.

낙지는 야행성이다. 낮에는 해안의 바위틈이나 개펄 속에 몸을 숨기고 있다가 물이 드는 밤이 되면 기지개를 켜고 나와 새우, 게, 조개 및 작은 물고기 등을 잡아먹는 습성이 있다. 이런 낙지의 습성을 알고 있는 사람들이 쓰러진 소도 일으킨다는 낙지를 어찌 그대로 그냥 두고만 보겠는가. 그런 속도 모르는 낙지는 갯고랑에 물이 들기 시작하면 평상시처럼 먹이활동을 하러 나왔다가 되레 사람들에게 잡혀 미식가들의 밥상에 오르는 것이다. "개도 먹을 때는 건드리지 않는다." 옛말이 있는데, 하필 낙지를 이때 잡는 것은 무슨 심보람.

어느 해 가을날이었다. 저녁노을이 붉게 물들고 바닷물이 들어오는 초들이가 시작되자 동생들과 낙지를 잡으러 갯벌로 나섰다. 처음 해보는 해루질이라 설레고 가슴이 뛰었다. 솜뭉치를 철사로 얽어 둥글게 만든 어른 주먹만큼 한 홰와 병목까지 가득 찬 등유 한 병, 그리고 낙지를 담을 양철 버킷을 하나 준비해 나갔다. 바다에 도착해 홰에 불을 붙이자 바람이 불어도 꺼지지 않고 시커먼 연기를 내뿜으며 횃불은 활활 잘 타올랐다. 아마 막냇동생이 횃불을 들었지 싶다. 막내가 갯고랑을 조심조심 따라가며 횃불을 비추자 밀물을 따라 낙지 한 마리가 유유자적한 모습으로 헤엄치며 올라왔다. 어찌 이 순간을 그냥 놓칠 수가 있으랴. 재빠른 셋째 동생이 하늘을 나는 잠자리 낚아채듯이 낙지를 순간 물속에서 잡아 올렸다. "낙지다!" 누가 먼저랄 것도 없이 터지는 탄성. 돌을 던져 파문이 이는 잔잔한 호수처럼 고요한 바다의 정적이 순식간에 산산조각이 났다. 잡힌 낙지는 셋째 동생 팔목을 여덟 개의 다리로 칭칭 감고 좀처럼 놓아주지 않았다.

바다에 가면 셋째 동생은 누구보다도 발이 빨랐다. 낚시면 낚시, 주낙이면 주낙 어느 것 하나 다른 형제들은 셋째를 따라갈 수가 없었다. 아마도 예수님의 제자 베드로처럼 사람을 낚는 어부로 쓰시려고 하나님께서 미리 정해 두었는지도 모른다. 지금은 목회자로 '어린 양을 치는 목자' 노릇을 하고 있으니 그런 짐작이 틀림없었다는 확신이 든다.

낙지도 감각이 있는 동물이다. 그러니 연체동물이라고 해서 느리고 무기력할 것으로 생각하면 그것은 큰 오산이다. 위험을 감지하면 어떤 물고기보다도 더 빠르게 쏜살같이 도망을 친다. 적으로부터 습격을 당해 다급할 때면 물총 쏘듯 먹물을 뿜어대 연막을 치고, 새로운 환경에서는 문어처럼 보호색으로 변신을 하는 재주도 탁월하다. 이런 낙지를 무시하고 그냥 잡겠다고 함부로 달려들었다가는 한 마리도 잡기는커녕 빈 바구니로 집에 돌아가기가 십상이다.

시간이 얼마나 지났을까. 횃불을 켜 들고 낙지 잡는 재미에 푹 빠져 바닷물이 갯고랑을 채우고 갯벌이 온통 바닷물로 가득 차는 줄도 몰랐다. 더군다나 짙은 안개까지 바다를 덮고 있으니 더듬이가 떨어진 개미처럼 방향감각을 잃고 말았다. 난감했다. 바닷물은 빠르게 차오르는데 방향감각마저 잃었으니 겁부터 덜컥 날 수밖에. 이런 상황이 어찌 낙지 탓이랴. 그건 오로지 낙지 잡는 재미에 빠져 밀려오는 바닷물은 생각지도 않은 바로 우리 자신의 잘못인 것을.

세상을 살아갈 때도 이런 경우가 종종 있다. 자기 일에만 빠져 살다 보면 외부세상으로부터 고립되고 소외되는 우를 범하게 되는 것이다. 편향된 이념이나 신념에 갇혀 사는 사람들도 오직 낙지잡이에만 정신을 빼앗겼다가 위험에 빠지는 해루질꾼들과 다른 바가 없는 것이다. 어느 한쪽 세상에만 갇혀 사는 것보다 더 위험한 것도 없지 않을까 싶다.

바다 한복판에서 한참을 방황했다. 어디선가 외치는 소리가 들려왔다. 해가 져서 캄캄해지고 물이 들어 만조가 되어가도록 바다에 나간 아들들의 소식이 감감하자 걱정이 된 어머니께서 바닷가로 몸소 나오신 모양이었다. 한 손에 등불을 들고 또 다른 손으로는 양철통을 두드리며 외쳐대는 어머니의 목소리가 아스라이 들리지 않는가. 지옥 같은 세상에서 들리는 구원의 소리였다. 어머니께서 지르는 소리에 가까스로 방향을 다잡고 무사히 칠흑 같은 바다에서 빠져나올 수 있었다. 경험 없이 무모하게 덤벼들었던 낙지 해루질이 얼마나 위험했던 것인지 지금 생각하니 등골이 오싹해진다.

가끔 해루질하다가 조난 당한 사람들을 TV 방송을 통해서 보게 된다. 어떤 경우는 목숨을 잃고 또 어떤 경우에는 구사일생으로 구조되는 때도 있다. 그들도 우리처럼 해루질에만 정신을 빼앗겨 밀려오는 위험은 눈치채지 못했었으리라.

더 늙기 전에 고향에 가 해루질을 한 번 다시 해보고 싶다. 이번에는 두 눈을 크게 뜨고 주위를 살펴보면서 맛있는 고향 해낙지를 잡아 볼 것이다.

후리질

바닷물이 밀려오는 초들이가 되면 바다도 갯벌도 섬사람 마음도 모두가 바빠진다. 붉은 다리 농게는 두 눈을 번쩍 들어 안테나를 곧추세우고, 짱뚱어는 총알처럼 더 높이 더 빨리 뛰기 시작한다. 칠게를 사냥하던 도요새도 종종걸음으로 내달리고, 펄 속에서 잠자던 세발낙지도 웅크리고 있던 다리를 펴고 외출 채비를 하느라 분주하다. 갯고랑의 모치와 보리새우도 팔딱팔딱 여기저기 뛰어오르고, 눈만 껌벅이며 쉬고 있던 숭어도 배가 고파 먹이를 찾아 나서는 시간이다.

초들이에 바람 한 점 없이 잔잔한 바다가 석양에 붉게 물들어 오면 섬마을 사람들의 마음도 덩달아 붉어져 일말의 흥분이 일렁거린다. 밀물 따라 팔딱거리는 숭어 떼가 저만치 몰려올 것만 같아서 가만히 앉아있을 수 없는 노릇이 아닌가. 상상만 해도 가슴이 둥둥거리며 인디언 북처럼 뛰기 시작한다. 숨어있던 수렵본능이 발동하는 것인가.

나는 막냇동생과 후리질에 나섰다. 헛간에 걸려있던 후릿그물을 서둘러 어깨에 들쳐메고 집 아래 바닷가로 단숨에 내달려 신발을 벗어둔 채 헐레벌떡 갯벌로 뛰어들었다. 푹푹 빠지는 진창을 피해 단단한 갯벌 됀등을 따라 물이 밀려오는 물가까지 헐떡이며 달렸다. 그래도 숨도 차지 않는다. 쉿! 지금부터는 조용해야 한다. 바다 건너편 섬마을에서 두런거리는 소리까지 들리는 고요한 바다는 숨소리까지도 소음이 된다. 사람보다 소리에 더 민감한 숭어가 후릿꾼이 다가옴을 눈치채고 도망갈 수도 있어 말도 입이 아닌 표정과 손짓으로만 해야 한다. 이렇게 조심하지 않고서야 어찌 물속에 살아있는 물고기를 손바닥만 한 그물로 잡을 수 있단 말인가. 그것은 거미줄로 하늘을 나는 새를 잡는 것보다도 더 어려운 일이다.

그물 한쪽 끝을 동생에게 맡기고 키가 큰 나는 그물을 끌고 살금살금 목에 물이 차는 깊이까지 들어가 그물을 펴기 시작했다. 소리가 나지 않게 그러나 시간을 끌지 않고 잽싸게 물고기들을 그물로 감싸야 한다. 아무리 급해도 바늘허리에 실을 묶어 쓸 수는 없는 법. 그물의 윗부분이 물에 뜨도록 뜸이 달린 뜸 줄과 봉돌이 달려 물아래로 가라앉는 물줄이 서로 뒤엉키지 않도록 그물을 잘 풀어 놓아야 한다.

고양이처럼 살금살금 그러나 살쾡이처럼 빠르게 그물을 빙둘러 거의 다 놓아가는데, 아뿔싸 숭어들이 눈치를 챘나 보다. 위험을 감지 한 것일까. 잠시 후 물속에서 동요가 일더니 물 위로 숭어들이 뛰어오르기 시작했다. 올림픽 경기를 위해 높이 뛰기 훈련이라도 받은 것일까. 어른 다리통만큼이나 큼직한 숭어들이 그물 위로 여기저기서 뛰어넘는다. 한두 마리가 아니라 여남은 마리는 족히 넘지 싶었다. 숭어가 뛰어넘지 못하도록 그물 쪽을 향해 갯벌 덩이를 뭉쳐 던져야 하지만 손이 없어 어쩔 수 없이 바라다볼 수밖에. 마음만 바빠져 그물을 다 치지도 못하고 물가로 나가 동생과 함께 그물을 끌어 올렸다. 숭어들과의 한판 육박전이 붙은 것이다. 탈출과 포획. 숭어에게는 사느냐 죽느냐 생사의 문제였고, 나에게는 잡느냐 놓치느냐 자존심의 문제였다. 크고 힘세고 날쌔고 약삭빠른 녀석들은 그물을 뛰어넘거나 우회하거나 그물코를 들이박아 그물을 찢고 도망칠 수 있다지만, 어려 경험이 없고 힘이 없어 약한 녀석들은 어리둥절 정신이 없는 사이 얼떨결에 그만 그물에 걸려 끌려 나올 수밖에 없는 노릇이다. 도망치는 숭어들을 바라보며 안타까워하면서도 그물 속에 몇 마리쯤은 남아 있겠거니 하는 기대감으로 그물을 물가까지 거의 다 끌어 올린 순간, 아마 그물에 갇혔던 숭어 중에서 가장 큰 녀석이였지 싶은 숭어 한 마리가 그물에 걸려 끌려 나왔다. 엉겁결에 두 손으로 감싸 잡으려는 순간 파드닥 팔딱거리더니 그만 그물을 털고 도망치고 말았다. 다잡은 대물 숭어를 놓치고 만 것이다. 들소를 쫓던 사자가 다잡은 먹이를 놓친 기분이 이럴까. 허탈감에 그만 그물을 놓아버리고 싶은 심정이었지만 그래도 그물을 끝까지 끌어올리자 그물에서 벗어나지 못한 참동어 대여섯 마리가 지레 겁을 먹은 듯 안간힘을 다해 파닥거린다. 아마도 사로잡힌 참동어들은 운수 없게도 이런 초보 후릿꾼에게 잡힌 것이 원통해 가슴을 치고 통탄하고 있는지도 모른다.

후릿그물에 들어왔다가 도망친 숭어들은 운이 좋은 녀석들일 게다. 그러나 그들도 훗날 어느 능숙한 후릿꾼의 그물에 다시 걸릴지도 모를 일이다. 그것도 용케 피하는 녀석들이 있다면 그다음에는 하늘의 그물에는 반드시 잡히리라.

천망회회 소이불루天網恢恢 疎而不漏. '하늘의 그물은 매우 크고 넓어서 얼핏 봐서는 성긴 듯하지만, 선한 자에게 선을 주고 악한 자에게 재앙을 내리는 일은 조금도 빠뜨리지 않는다.'라는 노자의 《도덕경》 말씀이 생각난다. 나의 그물을 빠져나간 숭어들을 두고 하는 말이 아닐까 싶다. 어찌 이 말씀이 물고기들에게만 해당하랴. 이 말씀은 죄를 짓고도 교묘하게 법망을 빠져나가는 사람들을 두고 하는 말일 수도 있겠다. 큰 죄를 짓고도 요즘 요리조리 법망을 빠져나가는 법 미꾸라지들을 보고 있자니 명치에 울화가 치민다. 언제 정의로운 사회가 이 땅에 구현될 것인가. 젊었던 시절 막냇동생과 함께했던 후리질 생각이 새삼 떠오른다.

멍텅구리배

멍텅구리라는 물고기가 있다. 지역에 따라서는 뚝지, 도치, 심퉁이라 부르지만 전라도에서는 멍텅구리라고도 부른다. 이 멍텅구리 뚝지는 도칫과의 바닷물고기로 몸이 퉁퉁해서 아주 못생긴 데다 동작마저 굼뜨고 느리다. 그래서 아무리 위급해도 서두르는 법이 없다. 배에 흡착력이 강한 배꼽이 있어 한번 바위에 붙으면 떨어질 줄 모른다. 그러니 사람이 다가가도 도망가지도 않고, 어쩌다 실수로 바위에서 떨어져도 몸을 움직여 도망치려는 흉내도 내지 않는다. 세상에 이보다 더 어둔하고 모자란 물고기가 어디 있을까. 그래서 사람들은 이 물고기를 멍텅구리라고 부르는지도 모른다.

뚝지만치나 멍청하고 어둔한 배도 있다. 다른 배가 끌어 주지 않으면 스스로 한 발짝도 움직이지 못하고 한곳에 닻을 내리면 일 년 내내 그곳에 머물러 새우나 물고기만 잡아 올리니 사람들은 이 배를 멍텅구리배라고 부른다. 듣기 좋은 말로는 '중선' 또는 '젓중선'이라고도 말한다.

멍텅구리배는 크기가 10여 톤 가량으로 빨리 달릴 필요가 없으니 날렵한 유선형이 아닌 직사각형 상자 모양으로 투박하게 생겼다. 그물을 수월하게 끌어 올려야 하니 이물이 뭉텅하니 생김새부터 우둔하고 멍청하게 보인다. 돛대는 배 중앙에 세워져 있으나 이는 돛을 달기 위한 것이 아니라 수해의 양 날개를 줄로 묶어 잡아 주는 기둥 역할과 그물을 들어올리거나 물건을 옮겨 실을 때 쓰는 기중기 역할을 한다. 이 배의 특징 중 하나는 수해와 암해라는 구조가 있다. 그물 입구가 잘 펼쳐지게 하여 새우나 물고기가 그물 속으로 들어갈 수 있도록 해주는 장치다. 수해는 그물 윗부분을 고정하는 장치로 목재 네 개를 잇대어 배의 중앙에서 가로질러 배의 좌우로 날개처럼 길게 걸쳐있다. 날개가 있어 곧 비상이라도 할 것 같지만 그건 날지 못하는 멍텅구리배의 간절한 꿈일 뿐, 그 쓰임새는 오로지 그물을 고정하여 고기가 잘 들어오도록 하는 역할을 할 뿐이다. 또 수해와 상대 개념인 암해는 그물 입구를 물아래에서 펼쳐지게 하는 장치로 목재 서너 개를 덧붙여 만든 것으로 그 길이가 수해와 엇비슷하게 생겼다. 또 멍텅구리배에서 빼놓을 수 없는 중요한 것이 있다면 그것은 닻이다. 조류의 흐름이 센 곳에 정박하여 그물을 치니 배와 그물이 조류에 버틸 수 있도록 크고 무거운 닻이 필요한 것이다. 무게만 2톤이 넘고 크기는 8m가 넘는다. 큰 닻은 바로 멍텅구리배가 움직이지 못하도록 고정해주는 멍텅구리 도치의 배꼽과도 같은 것이다.

멍텅구리배가 길목이 좋은 바다에 한번 닻을 놓으면 옴짝달싹하지 않고 죽치고 앉아 하루에 두 번씩 물때 따라 그물에 들어온 새우나 물고기를 잡아 올린다. 그러니 배에 필요한 식량이나 식수는 육지에서 전마선으로 공수해오고 또 배에서 잡은 새우와 물고기는 육지로 실려 나가니 어부들은 마치 바다 위에 떠 있는 수상감옥에 갇힌 죄수들처럼 고달픈 육체노동에 시달리며 하루하루를 버티며 오로지 고기잡이에만 몰두해야 한다. 고독하고 외로운 선상에서 반복되는 단순 생활에 어부들은 자신도 모르게 세상과 격리되어 아무것도 모르는 멍텅구리배처럼 진짜 멍텅구리가 되어가고 있을지도 모른다.

그래서 멍텅구리배에서의 조업활동이 고되기로 소문나 한때는 새우잡이 배를 타면 살아오기 힘들다는 소문이 돌던 때도 있었다. 아니 소문이 아니라 현실이었다. 집안의 당숙뻘 되는 분께서 임자도 전장포로 멍텅구리배를 타러 갔다가 영영 살아 돌아오지 못했다. 멍텅구리배에서 선원들끼리 싸움이 나 칼부림을 당했다느니 조업을 하다가 실족하여 물에 빠져 실종되었다느니 하는 소문만 무성했을 뿐이었다.

그러나 이렇게 굼뜨고 멍청하고 무섭기까지 한 멍텅구리배라 할지라도 그 배는 묵묵히 물때 따라 새우와 물고기를 잡아 올리는 일에 게으름을 피우지 않는다. 자기의 할 바를 자기의 위치에서 최선을 다하는 미덕을 보이는 것이다. 멍텅구리배가 잡아 올린 보잘것없는 새우로 젓갈을 담가 전 국민의 입맛을 사로잡는 기본양념이나 반찬을 만드는 마법의 배였다. 충북 괴산 연풍면 웃버들미 깊은 산골까지도 새우젓 장수가 새우젓 통을 짊어지고 팔러간 것을 보면 새우젓의 인기는 감히 상상을 초월할 정도였지 싶다. 하긴 그 시절은 요즘 세상처럼 흔한 조미료나 양념이 없던 시절이었으니 살림을 잘하는 현명한 아낙이라면 곰삭은 새우 육젓 한 단지 정도는 살강에 몰래 숨겨두고 기본양념으로 요긴하게 썼을 귀물로 여겼던 시절이었다.

아무리 못생기고 멍청하게 생긴 멍텅구리배라 할지라도 그가 잡은 새우가 온 국민이 선호하는 맛좋은 새우젓이 된다면 그 외모나 굼뜬 행동쯤이야 좀 어떤가. 연산군이 경회루에서 흥청이를 태우고 흥청망청 기생놀이하던 화려한 꽃 배보다 새우잡이 배 멍텅구리가 모든 백성에게는 얼마나 더 고마운 존재인가. 기름 머리 질질 발라 파리가 낙상하게 생겨 사람 등쳐먹는 기생오라비 같은 그런 날라리보다야, 우둔해 보이지만 묵직하게 생겨 자기의 일을 소신껏 행하며 생산적인 일을 하는 뚝심 좋은 상머슴 같은 사람이 이 세상에 더 필요한 존재가 아니겠는가.

요즘 세상에 멍텅구리배처럼 자기의 자리에서 묵묵히 소임을 다하는 사람이 과연 얼마나 될까. 일할 사람이 없는데 일할 자리가 없다고 아우성을 치는 현 세태는 우리 사회가 건강하지 않다는 사실을 단면으로 잘 보여주고 있다. 힘든 일은 외국 노동자들에게 내맡기고 쉬운 일만 찾아 나서는 사람들이 다수인 우리 사회는 앞날이 불을 보듯 뻔하지 싶다. 사회 곳곳에서 자신의 맡은 소명을 말없이 꿋꿋하게 지켜갈 멍텅구리배 같은 사람들이 진정으로 필요한 시대가 아닐까 한다.

목포 해양박물관 앞바다에는 퇴역한 멍텅구리배 한 척이 홀로 외롭게 묶여있다. 사람의 발길이 끊기지 않는 건너편 갓바위를 바라보며 멍텅구리 배는 자신의 옛 영화를 그리워하고 있는지도 모른다. 낡고 허름한 멍텅구리배 위로 석양의 갈매기만 오락가락 한가로이 날고 있다.

산다이

두타산 자락 아래 한반도를 품고 있는 초평 호숫가에서는 이른 아침 물고기가 뛰어오르는 소리와 건너편 마을에서 닭 홰치는 소리도 들린다. 고요하고 한적한 곳이다. 호수 주변으로 이어져 있는 호롱길이라는 정겨운 오솔길과 마을을 지키는 서낭신이 두런두런할 것 같은 고갯마루 성황당, 고기 비늘 모양 교각 위에 상판석을 얹어 놓은 농다리가 있는 유서 깊은 고장이다. 이런 호젓하고 아늑한 진천 땅 청소년 수련관에서 수필과비평사가 주관하는 제17회 황의순 문학상 시상식이 열렸다.

모든 행사가 끝난 후 숙소에 돌아와 잠자리를 펴고 누워있는데 뜬금없이 노랫소리가 들려왔다. 여러 사람이 함께 부르는 떼창 소리다.

복도 건넛방에서 들려오는 노랫소리와 왁자한 분위기가 왠지 낯설지 않다. 잠자리를 방해하는 것이 아니라 오히려 젊은 날의 정겨운 추억 속으로 나를 이끌어 가는 것이 아닌가. 아마 사람들이 방안에 빙 둘러앉아 술잔을 주거니 받거니 부어라 마셔라 차례로 돌아가며 노래를 부르고 있는 것일 게다. 소위 '산다이 판'이 열린 것이다.

산다이란 남도 섬 지방에서 행해지던 일종의 민속놀이였다. 잔칫집이나 초상집 또는 물때 따라 들어오는 어부들과 파시 술집 색시들이 함께 어울리던 노래판이었다. 그뿐이랴. 특별한 놀이 시설이 없던 시절, 동네 총각·처녀들이 밤이면 모여 노래하며 놀던 놀이판이기도 했다. 특히 다른 동네 총각이나 처녀가 친척집에라도 오는 날이면 으레 총각·처녀들은 그날 밤 손님이 찾아온 집으로 몰려와 산다이 판을 벌였다. 시쳇말로 '길세'를 명분으로 낯선 총각·처녀를 놀이판에 끌어들이는 것이었다. 그것은 동네를 찾아온 이들을 배려한 일종의 환영행사라고 둘러대곤 했다.

입대 하루 전날 밤에 친구들과 동네 몇몇 형님들이 우리 집으로 모여들었다. 생각지도 못한 입영 전날 밤의 환송 번개팅이었던 셈이다. 어머니는 부엌에서 막걸리를 걸러내고 안주를 장만하여 술판을 준비했다. 동네 판동이 아제는 소주 댓 병을 사 들고 와서 "영득이 조카 군대 가니 조문 왔네."라며 너스레를 떨었다. "초상집도 아닌데 무슨 조문?" 하며 모두가 박장대소했다. 산다이 판이 무르익어 가자 문산 당숙은 빈 맥주병에 숟가락을 넣어 사타구니에 끼고서 엉거주춤 엉덩이를 내밀고 방을 빙글빙글 돌며 춤을 추기 시작했다. 술병과 숟가락이 부딪치며 나는 소리와 겅중겅중 모둠발로 뛰며 춤을 추는 모습에 산다이 판은 절정을 이루었다. 밤이 이슥해서야 산다이 판이 끝났다. 다음날 나는 편안한 마음으로 논산훈련소로 콧노래를 부르며 갈 수 있었다.

산다이 판에서는 술상을 중심으로 빙 둘러앉는다. 그 가운데서 용기 있는 누군가가 먼저 노래를 시작하면 다른 사람들은 그 노래를 함께 불러주는 것이었다. 그리고 다음부터는 차례가 돌아오면 미리 생각해 두었던 노래를 불러야 했다. 노래를 시작하지 못하고 머뭇거리면 즉시 노래를 재촉하는 멘트가 터져 나왔다. "노래야 나오너라 궁짜자 궁짝, 안 나오면 처들어 간다 궁짜자 궁짝. 엽전~ 열~ 닷~ 냥". 차례를 기다리고 있던 사람은 재빨리 노래를 시작해야 했다. 그렇지 않으면 더 짓궂은 심한 요구를 해 오기 때문이다. 일단 노래 첫머리만 시작하면 나머지는 함께 불러주니 문제가 되지 않았다. 노래가 몇 바퀴 돌아가고 주거니 받거니 술잔이 몇 순배 돌고 나면 산다이 판은 저녁 붉은 노을만치나 무르익어 갔다.

뭐니뭐니 해도 산다이 판의 백미는 젓가락으로 술상이나 주전자를 두드리며 장단을 맞추는 것일 게다. 젓가락 장단 소리는 다른 악기처럼 아름다운 소리는 아니지만 인디언의 북소리처럼 심장을 뛰게 하는 마력의 소리였다. 순박한 사람들의 가슴속에서 우러나는 순수한 영혼의 울림일지도 모른다. 밤새 젓가락을 두드리며 놀고 난 술상이나 주전자는 여기저기 생채기가 생기기 마련이다. 일그러지고 찌그러져 쓸모가 없을 정도로 망가져야 산다이 판이 제대로 된 것이었다.

산다이 판에서는 주인공이 따로 있을 수 없다. 요즘 공중파 방송사에서 벌이는 서바이벌식 노래 경연대회가 아니고 함께 어울려 즐기는 모두가 행복한 삶의 공간이었다. 빙 둘러앉은 술상은 어디가 상석이고 또 어디가 아래 좌석인지 따로 구분도 없다. 모두가 공평하고 평등한 세상의 놀이판이었다. 부르는 노래는 레퍼토리도 다양했다. 마음이 울적하거나 슬픈 사람은 〈목포의 눈물〉 같은 서글픈 노래를, 마음이 즐거운 사람은 〈나는 열일곱 살이에요〉 같은 즐겁고 경쾌한 노래를 부르기도 했다. 가요를 모르는 사람은 창唱을 해도 무방했다. 어느 장르의 노래도 허락되는 모두가 함께하는 대동 놀이판이었다. 하룻밤만 진하게 산다이 판을 함께하고 나면 더할 나위 없이 친한 사이가 되는 마법의 놀이판이었던 셈이다.

고독과 외로움에 영혼이 목말라 있는 섬사람들에게 산다이만큼 마음을 달래주는 놀이도 없었을 것이다. 억압으로부터 자유롭고 싶은 마음, 쌓인 울분을 터뜨리고 싶은 마음, 좋아하는 사람에게 사랑을 고백하고 싶은 마음, 새로운 세상을 향한 열망을 노래로 표현하는 공인된 문화적 장치가 바로 산다이 판이 아니었을까. 사람들의 마음과 마음을 이어주고 슬픔과 즐거움을 함께 나누며 삶의 에너지를 충전하여 비축할 수 있는 수원지 같은 것이었을 게다. 절망과 좌절 그리고 슬픔 속에서도 산다이 노래판을 통해 신명을 되찾는 섬사람들의 삶의 현장이었다. 이런 정겨운 산다이 노래판이 찬란한 사이키 조명과 가슴을 울렁이게 하는 에코 마이크와 현란한 모니터 배경화면을 갖춘 노래방의 위력에 내몰리어 이제는 옛 추억거리가 되고 말았다.

아직도 복도 건넛방에서는 고장난 유성기처럼 노래가 그칠 줄 모른다. 오랫동안 얼굴도 보지 못하고 안부 한번 제대로 전하지 못한 그리운 사람들을 만났으니 어찌 반갑지 아니하랴. 이 한밤중에 방에 빙 둘러앉아 술잔을 주거니 받거니 정을 나누며 노래를 부르는 산다이 판을 벌인 것도 당연한 일일 것이다. 자정이 훨씬 넘어서야 노랫소리가 그쳤다. 덕분에 나도 옛 산다이 판이 그리워 전전반측輾轉反側 오랫동안 잠을 이루지 못했다.

제3부 / 그리마

그리마

정체 모를 벌레 한 마리가 호텔 로비 대리석 바닥을 쏜살같이 기어간다. 기다란 더듬이를 앞세우고 손가락 한 마디쯤 되는 몸통을 꼼실꼼실 꿈틀거리며 귀선龜船 격군들이 젓는 노처럼 물결치듯 움직이는 수많은 다리 모습이 가히 경이롭다. 오가는 사람들의 발길 사이를 용케도 요리조리 피해 바닥과 벽 경계선을 따라 기어가다가 멈칫하여 방향을 다잡아가며 다급하게 움직이는 모습이 솔개에게 쫓기는 까투리만큼이나 급한 모양새다. 그리마다.

그리마가 호텔에 들어선 까닭은 무엇일까. 어둡고 축축한 곳에 사는 절지동물이 사람이 붐비고 휘황찬란한 호텔 로비에 나타난 것은 아마 길을 잘못 들어서일 거다. 아니면 자기 영역에 새로 들어선 낯선 건물이 몹시 궁금해 짐짓 확인차 들어와 본 것은 아닐까. 호기심에 들어선 호텔 로비의 찬란한 샹들리에 불빛과 반들거리는 대리석 바닥 그리고 공룡 같은 인간의 걸음걸이에 지레 놀라서 정신 줄을 놓고 저리 줄행랑치는 것인지도 모르겠다.

하긴 나도 서울이라는 거대 도시로 이사를 왔을 때, 호텔 로비에 들어선 그리마처럼 정신을 다잡을 수가 없었다. 이삿짐을 용달차에 싣고 서울 톨게이트를 들어서며 "만세! 이제 내가 서울을 다 접수하리라."고 두 손을 들어 만세 부르던 그 당당했던 호기는 다 어디 가고 막상 서울 생활을 시작하자마자 하루하루가 겁이 나고 무섭기도 했다. 길도 낯설고, 아는 사람도 없는데 더욱이나 길치인 내가 땅속으로만 기어 다니니 서울이 도대체 어찌 생겼는지 또 어디에서 어디로 가고 있는지 방향조차 가늠하기 어려웠다. 가는 곳마다 구름 떼처럼 몰려드는 인파 속에서 이리저리 치이며 부평초처럼 떠밀려 다닐 수밖에. 혹여 마음의 여유를 갖고 광화문 광장에라도 나서는 날이면 시도때도없이 외쳐대는 붉은 깃발의 함성과 분노는 섬뜩했다. 어디 그것뿐이랴. "서울 사람은 깍쟁이라서 서 있는 사람 코도 베어간다."라는 옛어른들의 말을 듣고 살아온 터라, 마음놓고 모르는 사람과 사귈 수도 없는 노릇이 아닌가. 서울 생활 십여 년이 지난 지금 조금 적응이 되어가는 듯하지만, 아직도 서울은 나에게는 타향이다.

난 아웃사이더, 그리고 외로운 늑대. 그래서 출사지出寫地도 주로 혼자 다니고 홀로 골방에 들어앉아 책을 읽거나 글을 쓰는지도 모른다. 찬란한 호텔 로비에 겁을 먹고 혼쭐나게 도망치는 그리마의 뒷모습이 마치 서울 생활에 적응하지 못했던 나의 모습을 보는 것 같다.

그리마가 저리 도망치는 또 다른 이유는 없을까. 아마도 외모가 불러온 인간의 편견 때문에 혹여 봉변당할 수 있다는 공포심 때문일지도 모를 일이다. 그리마와 같은 다족류인 지네는 강한 이빨과 독이 있어 물리면 고통스러울 뿐만 아니라 모양새부터가 호감을 사기에는 거리가 한참 멀다. 사촌격인 노래기는 내뿜는 지독한 냄새 때문에 절지동물의 스컹크라고도 불리니 초록은 동색이라고 한 족속에 속한 그리마 역시 사람들의 호감을 바라는 것은 언감생심焉敢生心이 아닐 수 없다.

그러나 그리마에게도 할말은 있을 것이다. 그리마는 숲이나 산과 같은 야생에서도 살아가지만 주로 인가 근처에 살고 있으니 그것은 사람들과 친숙하다는 의미이기도 하다. 물론 일방적인 짝사랑일 테지만. 녀석은 집안 광 구석 어두컴컴한 틈바구니나 집 근처의 하수구에서 거미, 모기, 파리, 빈대, 흰개미, 진드기 그리고 바퀴벌레 알을 잡아먹고 산다. 그러니 해충이 아닌 익충으로 분류되어야 하지만 그와 가까운 족속들을 닮은 외모 때문에 사람들은 그의 공을 인정하려 들지 않고 오히려 증오와 혐오심만 키워왔다. 그리마가 사는 집에는 바퀴벌레가 살 수 없다는 사실 하나만으로도 진딧물의 천적인 무당벌레가 받는 대접만큼은 받아야 하지 않겠는가. 인간의 편견 때문에 이런 부당한 대접을 받는 것이 억울하기도 할 것이다. 이런 편견에서 해방되려면 사람들이 동굴 속에 갇혀 세상을 바라보는 것이 아니라 밝은 세상으로 나와 바르고 공정하게 바라보는 눈을 가져야 할 것이다. 착한 일을 하면서도 편견 때문에 인간들로부터 냉대와 혐오감을 받는 그리마가 어쩐지 안쓰럽기 그지없다.

'그리마는 이 땅이 아닌 저 우주 어느 행성에서 태어났어야 했다. 아마 어느 행성에서 한 우주인이 우연히 그리마를 발견하고 그 현장 사진을 지구로 전송해 온다면 이 세상은 발칵 뒤집히겠지. 온 신문은 외계에 생명체가 살고 있다고 호외號外를 뿌려댈 것이며, 공중파 방송은 진종일 우주탐사의 결실이 드디어 열매를 맺었노라고 호들갑을 떨 것이다.' 이런 상상에 몰두하고 있는 사이 그리마는 로비 벽모퉁이를 돌아 모습을 금세 감추었다.

한참 후에 자리에서 일어나 호텔 로비를 지나 회전문을 타고 밖으로 나서려는데 회전문 바닥에서 꿈틀거리는 무언가가 눈에 띄었다. 누군가의 발에 밟힌 그리마가 아닌가. 마지막 숨을 몰아쉬며 허공을 향해 다리를 허우적거린다. 작은 부딪힘에도 몸은 으깨어지고 다리가 떨어져 나가는 연약한 절지동물이 이 험악한 세상에 들어왔으니 어찌 안전한 곳까지 피해 갈 수 있었으랴. 그리마에게는 이 세상 어디도 안전한 곳이 될 수 없나 보다. 언제 어디서 이런 참사가 또 발생할지도 모를 일이다. 그리마의 발 움직임이 사그라져 가는 화롯불처럼 서서히 힘을 잃더니 마지막 움찔 한번 하고 끝내 잠잠해진다.

그러나 호텔 회전문은 쉬지 않고 돌고 돌아갈 뿐이다.

애기똥풀꽃

이른봄부터 늦가을까지 들판이나 산하山下에 지천으로 피어나는 꽃. 흔하디흔하고 딱히 예뻐 보이지 않아 사람들이 눈길조차 주지 않는 풀꽃이 있다. 코딱지만 한 진노랑 꽃송이가 가지 끝에 대롱대롱 하늘거리며 지나가는 사람들의 눈길을 끌어보려 애써보지만 화려하고 향기 짙은 꽃에만 마음을 주는 세상 사람들은 가벼운 눈길도 주지 않는다. 서러운 애기똥풀꽃이다.

하고많은 이름 중에 하필 애기똥풀꽃일까. 막잠을 자고 난 누에처럼 갓난아이가 세이레 동안 엄마 젖만 먹고 잠만 자며 하루가 다르게 무럭무럭 자라며 하얀 기저귀에 제비 새끼 똥 누듯 싼 똥이 노란 황금색이라서 들판에 피어난 진노랑 풀꽃을 애기똥풀꽃이라 부르는지도 모르겠다.

이왕에 애기똥풀꽃 이야기가 나왔으니 똥 이야기를 좀더 해볼 심산이다. 변이 애기똥풀꽃처럼 노란 황금색인 사람은 건강에 대해 전혀 걱정하지 않아도 될 일이다. 황금색 변은 오장육부가 건강해서 제 역할을 잘하고 있다는 증표이기 때문이다. 그래서인지 예전부터 변 색깔에 사람들이 관심을 많이 두어왔다.

임금의 변便을 매화라 부른다. 임금님은 항상 궁녀가 보는 앞에서 매화틀에 앉아 큰일을 보셨다. 궁녀는 임금님께서 큰일을 치른 후 매화를 확인하고 소리 질러 그 실태를 알려야 한다. 매화의 모양과 색깔이 좋고 냄새가 구수하면 "전하, 경축드리옵니다!"라고 외친다. 창문 뒤에 엎디어 있던 궁녀들도 따라 모두 한목소리로 "전하, 경축드리옵니다!"라고 임금님의 옥체가 안온함을 경하드리는 것이다. 이때 궁녀가 보고 경축할 정도의 임금님 매화는 아마 바나나 크기와 굵기로 똬리를 튼 가래떡 모양의 노란 애기똥풀꽃 색이었음이 틀림없었을 것이다.

나이가 드니 매일 아침 아내와 나도 큰일을 보고 나면 항상 변 상태부터 서로 묻는 것이 일상이 되었다. 아내는 장이 튼튼해서 매일 건강한 상태의 변을 보았노라고 자랑을 한다. 난 그와 정반대다. 위와 장이 약한 나는 아침에 화장실에 가는 것부터가 부담스럽다. 변의가 있어 변기에 앉아도 소식이 쉬 오지 않는다. 배를 누르거나 문지르고 눈알에 힘을 주며 아랫배에 기를 모아 보지만 변은 세상 밖으로 나올 기미도 비치지 않는다. 자기가 무슨 귀한 분糞이라도 되는 것처럼 십 분 이십 분 삼십 분이 지나도 감감무소식이다. 한참 사투를 벌인 후 마지못해 겨우 얼굴을 내미는 분의 꼬락서니라니. 내가 만일 임금이었다면 아마 궁녀는 변을 보고 깜짝 놀라서 "전하, 황공하옵니다."라고 엎드려 고개도 못 들고 떨리는 목소리로 외쳤을 것이다. 그러면 문 뒤에 엎드려 있던 궁녀들도 "전하, 황공하옵니다"라고 읍소하듯 따라 외쳤을 것이고, 그 소리에 놀란 어의御醫는 부랴부랴 매화틀의 매화 빛과 색깔을 보고 임금님의 건강상태가 심각한 것을 깨닫고 최적의 처방을 찾느라 전전긍긍할 것이다. 복부팽창과 복통을 줄이는 대건중탕이 좋을까, 위장이 약하시니 대황감초탕은 어떨까. 아니면 강한 자극을 싫어하시니 윤장탕이 맞을지도 몰라라며 여러 가지 처방을 두고 고민 고민을 할 것이다.

요즘 변의 중요함이 나이가 들어감에 따라 더욱 절실하게 느껴진다. 위와 장의 건강과 건강한 변 색깔이 건강의 리트머스 시험지와도 같기 때문이다. 그래서인지 아침에 화장실에 앉아 안간힘을 쓸 때마다 노란 애기똥풀꽃 색이 눈앞에 어른거린다.

사람이 어찌 변을 항문만으로 배설한다고 하겠는가. 입을 통해서도 쉴 새 없이 쏟아내고 있다. 먹은 음식은 배설기관을 통해 밖으로 나오지만, 머리와 가슴속에 있는 속마음은 입이라는 발성 기관을 통해 세상 밖으로 나온다. 몸속에서 밖으로 나오는 것으로 보아 변과 말은 둘 다 배설이라고 해도 과언은 아닐 성싶다. 입에서 나오는 말도 애기똥풀꽃처럼 건강하고 아름다운 말이 있는가 하면 잘못된 변처럼 냄새나고 흉측한 말도 있으니 그것이 문제다. 특히 요즘 우리나라 정치인들의 입에서 나오는 말에는 살기 등등하거나 아예 저주에 가까운 말이 쏟아져 나온다. 이념과 정파의 이익에 따라 혹세무민惑世誣民하는 괴담 같은 말들이 쏟아져 나온다. 이러한 말을 듣는 국민은 짜증이 나고 스트레스로 잠도 제대로 자지 못하는 경우가 허다하다. 이런 말은 말이 아니라 건강한 변만도 못하니 똥이라 해도 무방하지 않을까 싶다. 오죽했으면 예수님께서도 "입으로 들어가는 것이 사람을 더럽게 하는 것이 아니라 입에서 나오는 그것이 사람을 더럽게 하는 것"이라고 했을까. 이렇게 험한 말들을 함부로 내뱉으니 차라리 침묵을 지키는 편이 국민정신 건강을 위해서 훨씬 더 바람직할 것이다.

신이 인간에게 주신 가장 큰 선물 중 하나는 입을 통해서 할 수 있는 '말'이 아닐까 한다. 한 인간이 세상을 살아가면서 쏟아낸 말을 책으로 엮어본다면 대략 5,000권에서 10,000권의 책 분량이 될 것이라고 학자들은 추정한다. 이리 귀한 신의 선물을 사람들이 너무 오용하고 있지 않나 싶어 유감이다.

이청득심以聽得心이라는 말이 있다. 상대를 존중하고 귀 기울여 경청하는 일은 사람의 마음을 얻는 최고의 지혜라는 뜻이다. 입에서 쓰레기 같은 말을 쏟아내느니 차라리 이청득심의 자세로 사는 것도 좋을 듯싶다. 말이 고우면 은쟁반에 놓인 금 사과와도 같다고 한 솔로몬의 잠언처럼 항상 고운 말을 하며 살아간다면 온 세상이 아름다워지지 않겠는가.

불광천 변에 노란 애기똥풀꽃이 지천으로 피었다. 누가 꽃씨를 뿌리지 않고 가꾸지 않아도 홀로 잘 자라 꽃을 피운다. 애기똥풀꽃을 볼 때마다 오로지 엄마 젖만 빨고서도 하늘처럼 고운 울음소리와 햇살 눈부신 웃음소리를 내는 솜털 보송보송한 아이가 생각나 한 발자국 더 가까이 다가가 들여다본다. 보잘것없고 화려하지 않지만 오래오래 볼수록 더 예뻐 보이는 꽃, 세이레 갓 지난 아기처럼 애기똥풀꽃이 환히 웃는다.

오리 가족

봄이 왔다. 천변 풀숲에는 물오른 잉어가 꼬리 지르러미를 힘차게 퍼덕이고, 물가 둔덕에는 별꽃, 냉이꽃, 꽃다지, 봄까치꽃, 애기똥풀꽃 등 풀꽃들이 다투어 피어난다. 어미 오리 한 마리도 새끼오리 열두 마리를 데리고 불광천에 봄을 몰고 홀연히 나타났다.

오리 가족의 출현은 가물어 메마른 대지에 시원하게 쏟아지는 한줄기 소나기며, 사막 같은 삭막한 세상에 새 생명의 탄생을 알리는 환희의 신호탄이자, 겨우내 웅크리고 있던 세상에 희망의 불꽃을 일으키는 불씨와도 같아 보인다. 누구나 나이 들면 생명에 대한 경외심이 더해가는데 한 마리도 아닌 열두 마리의 새끼를 거느리고 나타난 어미 오리를 보니 감탄이 절로 나올 수밖에. 슈퍼우먼 같은 봄의 전령사 어미 오리에게 찬사를 보낸다.

그러나 오리 가족을 만난 기쁨도 잠시, 어미 오리가 저 많은 새끼를 어찌 혼자 키워갈 수 있을지 걱정부터 앞선다. 이곳 불광천에 새끼오리의 천적이 도처에 도사리고 있으니 자유롭게 풀어놓을 수도 없는 노릇이 아닌가. 앙큼한 길고양이, 물가 포식자 능청맞은 왜가리, 능숙한 잠수부 탐식가 가마우지, 하천 바닥을 긁어대며 굉음을 지르는 굴착기 등 여기저기서 새끼 오리의 목숨을 노리고 있는 음흉한 것들이 잠복해 있기 때문이다. 더욱이 아비 오리는 새끼 오리 육추育雛에 관심도 없어 가족 근처에 얼씬도 하지 않으니 어미 오리의 고생이 불을 보듯 눈앞에 훤히 보이는 것이다.

하기야 자기 새끼를 도외시하는 새가 어찌 아비 오리뿐이겠는가. 원앙 수컷이나 꿩의 수컷 장끼도 매한가지다. 이 녀석들의 공통점이 있다면 한결같이 멋만 들어 실속은 없고 겉만 화려한 건달 같은 놈들이다. 혹시 이 녀석들이 바람쟁이는 아닐까 하고 의심의 눈길이 갈 때도 있었다. 암컷들이 수정하기 전에는 물불 안 가리고 쫓아다니며 목숨을 걸고 구애하더니 막상 암컷이 새끼를 부화하여 부양하기 시작하면 나 몰라라 고개를 돌려 먼 산만 바라볼 뿐, 가족 곁에는 코빼기도 내비치지 않는 염치없는 녀석들이다. 세상에 이런 뻔뻔한 놈들도 다 있다니. 아비로서 책임감이나 자존심이 털끝만치도 없는 얌체족들이 아닌가. 이에 반해 암수가 생김새나 차림새가 같은 제비나, 참새, 멧새, 까치 등 대다수 새는 보금자리를 짓는 일뿐만 아니라 새끼를 기르는 일도 함께한다는 사실이다. 새끼오리 열두 마리를 거느린 어미 오리를 보니, 홀로 자식 다섯을 보살피며 가정을 이끌고 살아온 아내의 모습을 보는 것 같아 아내에게 미안한 마음에 할말을 잊는다.

나는 승진을 위해 외딴 섬과 농촌 벽지에서 근무해야 했다. 아내에게 가족을 맡기고 홀로 자취하며 보낸 세월이 얼마였을까. 때론 모든 걸 포기하고 싶은 마음이 들 때도 한두 번이 아니었으나, 내 딴에는 이상적인 교육을 펼쳐보리라는 간절한 꿈을 쉬 포기할 수가 없었다. 도서벽지에서 근무하면서 주말에 집에 오거나 날씨가 도와주지 않으면 그마저도 올 수 없었으니 보름에서나 집에 오는 때도 있었다. 홀로 시부모까지 모시고 아이들 교육과 살림을 도맡아 했던 아내가 짊어진 삶의 무게가 얼마나 무거웠을지 새끼오리 열두 마리를 거느리고 불광천을 건너는 어미 오리 뒷모습을 보면서 불현듯 아내 생각에 가슴이 뭉클해진다. 나처럼 가족계획은 생각지도 아니하고 저리 많은 새끼를 거느리고 고생깨나 하게 될 어미 오리에게 측은한 연민의 정까지 느껴지는 것이다.

요즘 젊은 사람들이 아이를 낳지 않으려는 경향이 강하다. 비혼율은 높아지고 출산율은 낮아져 나라가 고민이 이만저만이 아니다. 이런 추세로 간다면 한국이 머지않아 세계에서 자동소멸할 최우선 나라가 될 것이라는 예언에 등골이 오싹해진다. 아이를 낳지 않겠다는 젊은 세대들을 볼 때 세상살이가 얼마나 힘들면 저런 생각을 다 할까 라고 짠한 생각을 다 해보지만, 내가 살던 시절을 돌이켜 보면 그 때도 살기가 그리 녹록하지만은 않았다. 그래도 아이를 낳지 않겠다는 생각은 하지 않았다. 대신 나라에서 출산율이 낮을 것을 우려하며 별의별 정책을 다 썼던 시절이었다. "덮어놓고 낳다 보면 거지꼴을 못 면한다" "딸 아들 구별 말고 둘만 낳아 잘 기르자"라던 텔레비전이나 라디오방송 캠페인, 골목마다 나붙은 선명한 포스터가 지금도 생생하다. 심지어 예비군 훈련장에서는 정관 시술을 지원하는 자에게는 훈련도 빼주던 시절이었다. 이런 국가 시책이나 홍보에 애국자가 될 것이냐, 매국노가 될 것이냐 갈림길에서도 나는 마음 휘둘리지 않고 딸 넷 아들 하나 오 남매를 낳은 매국노의 길을 택했다. 그러나 지금 돌이켜보니 저출산으로 나라의 존폐가 걱정되는 이때 나의 선택이 얼마나 탁월했는지 스스로 감탄을 하게 된다.

이런 나의 무책임한 결정이 몽땅 아내의 짐으로 남겨질 줄이야. 난 오리나 원앙 그리고 장끼처럼 화려한 외모나 바람기 때문에 가정을 돌보지 않은 것이 아니었다. 오로지 도서벽지 교육 진흥과 발전을 위해서 어쩔 수 없이 애국적인 선택을 했을 뿐이었다.

어미 오리가 새끼오리들을 데리고 조심조심 불광천을 건너고 있다. 저 어미 오리도 내 아내처럼 많은 새끼를 낳아 힘들게 살아갈 수도 있을지도 모르겠다. 그러나 그것이 탁월한 선택이었음을 곧 알게 될 것이다. 새끼 오리들이 무사히 잘 자라서 새봄이 오면 다시 찾아와 줄 것이다. 불광천에 또 봄을 몰고 올 것이다.

달개비꽃

지루한 장마가 물러가더니 삼굿 탕 증기만큼이나 뜨거운 열기가 온 대지를 푹푹 삶는다. 이보다 더 뜨거운 여름이 또 있었을까. 벚나무 등걸에 달라붙은 매미도 열기 때문인지 어느 해보다 더 자지러지게 울어 댄다.

간밤의 열대야로 설친 선잠 때문에 찌뿌듯한 몸을 이끌고 불광천으로 나섰다. 운동기구가 설치되어있는 쉼터에는 이른 아침부터 사람들이 체력단련에 온 힘을 다하고 있다. 아니 체력단련이라기보다는 설친 잠 때문에 쌓인 스트레스를 푼다고 하는 편이 더 낫겠다. 나도 그에 질세라 팔굽혀펴기 기구에 엎드려 겨우 목표량을 채우고 나서 한숨을 돌리려 뒤돌아서니 화단 가에 있는 풀꽃 하나가 나를 보며 방긋이 웃는다. 눈을 비비며 가까이 다가가 들여다보니 귀엽고 앙증맞은 달개비꽃이다.

이렇게 지루한 장마와 찌는 듯한 더위에도 밝고 청초한 빛으로 나를 맞아주는 달개비꽃이 신기하고 고맙다. 나비 날개 같은 파란 꽃잎 두 장을 앞세우고 노란 헛수술이 꽃잎 앞에 앉아서 별처럼 반짝인다. 상아 같은 두 개의 수술대 위에 꽃밥이 대롱대롱 매달려 있고 수술보다 조금 기다란 암술 하나가 머리를 비스듬히 치켜들고 미늘 없는 낚싯바늘 모양으로 하늘을 향해 있다.

달개비꽃은 반으로 접혀 마치 송편 같아 보이는 하트 모양 꽃받침을 아침이면 살며시 비집고 나와 환한 미소 한번 짓고 해가 지기 전에 다시 제자리로 숨어드는 수줍은 꽃이다. 벌레를 유혹하는 꾀도 모자라 충매蟲媒도 석연치 않지만 그렇다고 대비책이 전혀 없는 것도 아니다. 벌레에 의한 수분에 실패를 하면 해 질 무렵 두 개의 수술대가 암술대를 둘둘 말아 꽃받침 속으로 들여 강제 입맞춤으로 목적을 달성하는 비책도 지니고 있다. 제꽃가루받이를 하는 것이다. '궁하면 통한다.'라고 했던가. 종족보존의 성스러운 위업을 달성하기 위해 달개비도 교토삼굴狡兔三窟의 지혜를 지닌 꽃이지 싶다.

달개비꽃은 길섶이나 들판 축축한 곳이면 어디서나 잘 자라는 흔히 볼 수 있는 풀꽃이다. 이른 아침에 피었다가 해 질 무렵이면 시드는 아쉬운 꽃. 그래서 꽃 중의 하루살이가 아니던가. 그렇다고 짧은 운명만을 탓하며 슬퍼하지 않는다. 아침이면 노루귀처럼 파란 두 귀를 쫑긋 세우고 하늘의 소리에 귀 기울이며 약하디약한 자신을 다잡아가는 꽃이다. '나에게는 항상 하늘처럼 파란 희망만 있을 뿐'이라며 의지를 다지는 달개비꽃이 초연해 보인다.

비가 며칠만 와도 지루해지고 더위가 조금만 이어져도 짜증을 내는 속 좁은 인간의 마음에 비하면 올해 같은 장마와 된더위 속에서도 고유의 색깔 파란 색을 조금도 변치 않고 아침마다 피는 달개비꽃은 일그러진 세상에 희망을 주는 작지만 진정 큰 꽃이 아닌가 싶다.

한참을 앉아 달개비꽃과 소리 없는 대화를 주고받다 보니 전에는 들리지도 않던 소리도 들린다. 아침부터 자지러지는 매미 소리가 더 우렁차게 들리는 것은 두말할 것도 없고 이름도 모를 수많은 풀벌레가 온 천지가 떠나가도록 큰소리로 합창을 한다. 아침이슬 반짝이는 풀잎 사이로 방아깨비 한 마리가 뛰어오르고 부지런한 꿀벌 한 마리가 달개비꽃 위를 빙빙 순회하더니 수줍은 듯 불그레한 클로버꽃으로 날아가 앉는다. 축대벽 아래 서 있는 배롱화도 곱게 단장한 누님같이 환히 웃고 서 있다. 깨어난 모든 것들이 함초롬하게 젖어있는 달개비꽃을 중심으로 빙 둘러서서 '환희의 송가'를 부르고 있다.

흔하고 쉬 시들어 사람의 눈에 잘 띄지 않던 달개비꽃을 옛 문인들은 일찍 알아보고 노래했었나 보다. 당나라 시인 두보는 달개비를 꽃이 피는 대나무라며 수반에 담아 가까이 두고 사랑했었고, '꽃'의 시인 김춘수도 그의 마지막 시집 《달개비꽃》을 엮으며 달개비의 청초함을 노래했었다. 이런 달개비꽃을 지금까지 알아보지 못하고 지나쳐온 나는 얼마나 우둔한 사람인가. 보잘것없고 작은 것이라도 살아있는 모든 것에는 창조주의 의지가 서려 있는 것을. 나는 오늘 아침에서야 비로소 달개비꽃 앞에 가만히 앉아서 사랑의 눈길로 대화를 나누고 있다.

집에 돌아오는 길에 길섶에 피어난 달개비꽃 몇 마디를 꺾어와 수반에 담아놓았다.

달개비

장맛비 석 달 열흘을 내려도
잉크빛
꿈
버리지 않네
그치지 않는 비 없고
멈추지 않은 바람 없으니

돌절구 옆 달개비도

아무렴 그렇지

귀를 쫑긋 쫑긋

청초한 달개비 꽃을 바라보면서 신술래님의 시 〈달개비〉를 몇 번이고 읊어 본다. "잉크빛 꿈, 귀를 쫑긋 쫑긋" 읊을수록 더욱 상큼한 시 〈달개비〉. 찌뿌듯했던 몸이 왠지 오늘 아침엔 어느 때보다도 더 가뿐하고 상쾌하다.

무화과

벌거벗은 두 남녀가 나뭇잎으로 부끄러운 곳을 가린 채 서 있다. 에덴동산에서 금단의 선악과를 따먹은 아담과 이브가 실낙원의 운명에 처한 안타까운 모습이다. 이런 인간의 수치를 기꺼이 가려준 나뭇잎이 다름 아닌 무화과나무 잎이었다는 사실. 무화과나무는 인간 창조와 실낙원의 역사 속에 함께 서 있었던 신비의 과일나무다.

고향이 소아시아 지금의 튀르키예 어디쯤인 무화과나무는, 지중해 연안의 그리스와 이탈리아반도로 시집을 와, 훈풍이 휘돌아 맴도는 어느 계곡 언저리에 뿌리를 내리고 화사한 햇볕과 온화한 기후를 만끽하며 살았을 것이다. 그러나 이들은 새로운 세계를 향한 끝없는 호기심에 한곳에만 정주할 수 없었다. 그 후예들은 이베리

아반도를 지나 대서양을 건너고 또 미국 캘리포니아 양지바른 언덕에 자리를 잡았나 싶더니, 마침내 극동아시아 일본을 거쳐 조선 한반도 따뜻한 남쪽 나라 전라도 어느 해안에 영구귀화를 하고 터전을 잡았다. 아마 고향 지중해와 흡사한 자연환경이 마음에 쏙 들었던 모양이다. 이때가 20세기 초반이었지 싶다. 아 참, 그전에 연암선생이 《열하일기》에 무화과나무를 본 기록을 한 것으로 보아 무화과나무가 조선사람을 처음 만난 것은 18세기 말경, 아마도 250여년 전 일인 것 같기도 하다.

우리 외갓집에도 무화과나무 한 그루가 앞마당 장독대 옆에 자리를 잡고 우뚝 서 있었다. 가을이 되면 달콤한 무화과가 눈앞에 어른거려 생쥐 곡간 들랑거리듯 외갓집을 자주 드나들었다. 사립문을 들어서면 마당에서 일하시던 백발에 허리 굽은 외할머니는 어린 외손주를 보자마자 반색하시며 무화과를 따주려 장대부터 찾아 들었다. 증조외할머니도 장죽을 입에 물고 봉창문으로 내다보고 학 날개 활짝 펴듯 환히 웃으시며 반겨주셨다. 외할머니가 따주시는 무화과 몇 알은 꿀같이 달고 묘한 향내로 나의 마음을 사로잡았다. 그 맛은 우리 토종 과일과는 입안에서 느껴지는 촉감부터 달랐다. 순박하고 깔끔한 우리 과일 맛과는 달리 농익은 무화과의 맛은 달콤한 맛과 은은한 코코넛 향이 배어있는 신비하고 매혹적인 이국 맛이었다. 이런 맛과 향에 매혹되어 이집트의 여왕 클레오파트라도 무화과 맛에 푹 빠져 살았던 모양이다.

무화과는 꽃이 피지 않고 열매가 맺는다. 그러나 사실은 꽃이 피지 않는 것이 아니라 꽃은 피지만 꽃이 보이지 않을 뿐이다. 꽃잎이 없는 무화과는 꽃받침이 암술과 수술을 감싸고 있어 꽃 모양이 마치 탱자 열매처럼 보일 뿐, 꽃이 피면 속이 빨갛게 익어 꿀이 줄줄 흐르는 달콤한 열매로 변한다. 암술과 수술이 꽃받침에 둘러싸여 있어 수정은 못 하지만, 그래도 무화과나무는 다른 종의 나무들처럼 종족보존을 위한 묘책은 다 터득하고 있다. 꽃이 피고 열매를 맺는 과일나무는 달콤한 과육을 미끼로, 도꼬마리는 행인의 바짓가랑이에 몰래 달라붙는 순발력으로, 민들레는 바람을 타고 날아가는 깃털의 지혜로 번성하는 것처럼, 수정을 하지 못하는 무화과나무는 매혹적인 맛으로 사람의 입맛을 사로잡아 가지를 꺾어 땅에 묻기만 해도 쉬 뿌리를 내리는 묘수를 활용해 번성하는 것이다.

산 넘어 독립가옥으로 이사 오던 해, 600평의 밭에 무화과 묘목을 심었다. 아마 어려서 외갓집에서 먹었던 무화과 맛을 잊지 못해서였는지도 모른다. 이것이 훗날 어머니와 아내의 한이 될 줄이야. 지금도 아내는 둘이 앉으면 항상 무화과 때문에 골병이 들어 온몸이 쑤시고 아프다며 한풀이 겸 넋두리를 늘어놓는다. 농로도 없는 산속 독립가옥에 저장성도 없는 무화과나무를 어찌 감당하려고 그리 대량으로 심었을까. 이때 난 군 복무를 마치고 복학 중이어서 집안일을 도와줄 수도 없는 처지였다. 후에 들어 안 일이지만 익은 무화과를 가만히 앉아서 썩힐 수는 없는 노릇이라며, 무화과를 큰 고무대야에 담아 머리에 이고 첫아이를 낳은 새색시가 재 너머 친정 동네로 무화과를 팔러 다녀야 했고, 어머니는 무화과를 목포로 팔러 가기 위해 여객선을 타야만 했으니, 어려서 외가댁에서 먹던 무화과의 그 황홀한 맛이 아내와 어머니를 생고생시킨 원죄가 되고 만 셈이다.

아담과 이브의 수치를 감추어 주었듯이, 무화과 나뭇잎은 타인의 부끄러움을 가려주는 사려 깊은 나뭇잎이다. 그뿐이랴. 알고 있는 남의 치부를 드러내지 않는 속 깊고 입 무거운 심성도 지니고 있다.

남의 말 하기를 좋아하는 요즘, 세상에 무화과나무 잎의 본성本性을 조금이라도 귀담아들을 필요가 있지 않을까. 남의 허물을 덮어주고 어루만져주는 것이 밝고 아름다운 세상을 만들어 가는 지름길이 아닐까 싶다. 또 무화과나무는 겉보다는 속을 중요시하는 알찬 나무다. 무화과의 밋밋한 회갈색 껍질 속에는 석류알보다도 더 붉고 꿀보다도 더 달콤한 꽃이 활짝 피어있으니 이런 실속있는 과일이 또 어디 있을까. 외모 지상주의 세상에서 겉모양만을 분식하고 꾸미는 속 빈 강정보다 속이 알차고 야무진 무화과야말로 참으로 옹골진

과일이다. 또 달콤한 꿀맛과 매혹적인 향내로 사랑을 받는 이국적인 과일 무화과는 인간의 원초적 본능인 배고픔과 허기를 채워주는 너그러움도 함께 지녔다.

어느 날 유대 베다니에서 제자들과 먼 길을 걸어 시장했던 예수님이 잎사귀만 무성하고 열매가 없는 무화과나무를 보고 실망하여 저주한 사건이 있었다. 예수님께서 화를 내고 분노함이 꼭 배고픔과 허기짐 때문만은 아니었을 터이다. 기대에 대한 배신감에서가 아니었겠는가. 글을 쓴다고 동네방네 소문 다 내놓고 그럴듯한 글 한 편도 쓰지 못한다면 행여 나도 저주받은 무화과나무 꼴이 되지 않을까 싶다. 자신의 본분을 다하지 못한 무화과나무를 반면교사反面教師로 삼아야 할 일이다.

외할머니께서 따 주시던 무화과의 달콤한 맛과 야릇한 그 향내가 생각만 해도 군침이 폭죽처럼 소리 없이 터져 입안에 가득가득 고인다.

냉이꽃

자잘한 꽃이 지천에 피었다. 다가가 무릎을 꿇고 자세히 보아야 꽃으로 보이는 작은 꽃이다. 안개꽃처럼 아득하고 밤하늘 은하수처럼 반짝이는 냉이꽃들이 달밤에 피어난 메밀꽃처럼 길 따라 아스라이 흐드러지게 피었다. 며칠 전만 해도 땅에 달라붙어 보이지도 않던 냉이가 언제 저렇게 꽃대를 올려 꽃을 피워냈을까. 봄이 오는 소리에 귀 기울이며 모가지가 긴 사슴처럼 그리운 사람을 기다리다가 키가 저리 쑥쑥 자란 것일까.

하얀 냉이꽃 사이로 노란 꽃다지, 애기똥풀꽃, 자주개불주머니도 무더기로 피었다. 흰나비들이 짝을 지어 너울너울 춤을 추며 꽃과 꽃 사이로 술래잡기 놀이가 한창이다. 청춘 남녀들처럼 '날 잡아 봐라'

놀이하며 짝짓기라도 하는 것일까.

냉이는 봄을 알리는 전령사. 가을에 싹이 나 겨울을 나고 이른봄에 꽃을 피워 봄을 알린다. 땅속 깊이 뿌리를 내려 빨아올린 자양분으로 냉이는 장미꽃 송이처럼 옹그리고 앉아서 기나긴 엄동설한을 견디어 낸다. 장난감이 없던 어릴 적에는 냉이를 뿌리째 뽑아 제기차기 놀이하던 것도 재미있었다. 이른봄이면 밥상 위에 제일 먼저 올라오는 냉이된장국에서 스멀스멀 올라오는 해토머리 흙냄새가 나른한 몸에 생기를 돋우고, 냉이 나물에서 나는 씁쓰름하며 상큼한 봄 냄새는 겨우내 도망갔던 입맛도 돌게 한다. 그래서 냉이를 봄소식을 알리는 전령사 '봄 색시'라 하는지도 모르겠다.

냉이는 사랑의 화신이다. 냉이꽃이 피어있는 들길을 따라 저만치 혼자서 귀 기울이고 걷다 보면 냉이 꽃이 외치는 소리가 들린다. "사랑해요. 사랑해요." 꽃대궁에 달린 냉이 열매가 두 손 모아 사랑의 하트를 날려 보낸다. 냉이꽃 열매의 큐피드 화살을 맞는 순간 행복한 나도 하트를 반사해 날려 보낸다. 추운 겨울을 이겨낸 냉이가 뿌리에서 뽑아 올린 자양분으로 이른봄에 하얀 꽃을 피워내고 그 꽃이 사랑의 하트가 되어 열매로 대롱대롱 달려 사랑의 마음을 날려 보내니 냉이는 사랑의 화신임이 틀림없어 보인다.

어느 시인은 예쁘지 않은 것을 예쁘게 보아주고, 좋지 않은 것을 좋게 생각해 주는 것이 사랑이라고 노래했다. 또 어느 수녀님은 사랑의 비밀은 기쁨보다 슬픔 속에 숨어있음을, 남의 말을 듣고 또 듣는 것이 사랑이라고 했던가.

살랑이는 봄바람에 하늘거리는 하얀 냉이꽃의 속삭임. 작은 것에 관심을, 약한 자에게 정다운 손길을, 아무에게도 관심받지 못하는 사소한 것들에 따뜻한 마음을, 차별받는 이들의 눈물을 닦아 주라 이른다. 이웃의 아픈 소리에 귀 기울이고, 병들고 굶주리는 자의 손을 잡아주라 한다.

냉이꽃이 피어있는 산책길에 남루한 차림의 뇌 발달 장애 환우 한 사람이 몸도 제대로 가누지 못하고 넘어질 듯 넘어질 듯 겨우겨우 걷는다. 냉이꽃이 일제히 일어서서 하트를 날리며 함성을 지르는 것 같다. '힘내세요. 힘내세요. 사랑합니다.' 힘겹게 걸어가던 환우의 발걸음에 힘이 돋는 것일까. 하늘을 향해 두 팔 벌려 기지개를 켜더니 큰 숨 한번 몰아쉬고 또 힘겨운 발걸음을 떼어 걷기 시작한다.

'당신에게 모든 것을 바칩니다.'라는 꽃말처럼 불광천 산책길에 아스라이 피어난 냉이는 사랑의 하트로 영글어간다. 추운 겨우내 깊은 땅속 하얀 뿌리에 고이 간직했던 냉이의 꿈이 바로 사랑이었나 보다.

벌들의 침묵

봄이 왔다. 한강 잉어 떼가 바닥이 훤히 보이는 불광천을 따라 하얀 배를 드러내고 파닥거리며 물살을 거슬러 힘차게 오른다. 천변에 줄지어 서 있는 벚꽃 나무들도 팝콘 같은 꽃망울을 순식간에 터트렸다. 간밤에 무슨 조화가 일었길래 날이 새자 세상이 갑자기 환해진 것일까. 천변은 벚꽃맞이 상춘객들로 북새통이다.

나도 사람들 틈새에 끼어 응암역에서 DMC역까지 어림잡아 십 리 벚꽃 터널을 함께 걸었다. 벚꽃이 만발했으니 당연히 반가운 친구, 꿀벌들도 찾아오겠지라는 생각에 이리저리 살펴보지만, 꿀벌은 한 마리도 보이지 않는다. 지난해만 해도 벚꽃 주위에 윙윙거리며 바삐 날아들던 그 수많던 친구들이 올해는 다 어딜 가고 코빼기도 보이질 않을까.

나는 꿀벌과 오래전부터 깊은 인연을 맺고 살아왔다. 아니 인연이 아니라 꿀벌 처지에서 보면 악연일지도 모른다. 관절염을 앓던 아내와 목디스크와 무릎 건초염으로 고통을 받고 있던 내가 벌침으로 효험을 톡톡히 보았기 때문이다.

약 4,000년 전, 고대 이집트인이나 바빌로니아인들도 치료제로 벌침을 이용했다는 기록이 있다. 로마의 시저도 어깨통이 일어날 때면 벌침을 맞으며 회의를 주재했다는 이야기도 전해온다. 이러한 이야기를 우연히 책에서 읽고 벌침에 관심이 일어 자침自鍼으로 벌침을 익혔다. 나와 우리 식구뿐만 아니라 이웃이나 동료들에게도 아픈 곳이 있으면 마치 한의사처럼 겁도 없이 벌침을 놓아 주곤 했다.

시내버스를 운전하던 아는 동생이 목디스크로 퇴사할 지경에 이르렀지만 단 한 번의 벌침 치료로 신통하리만치 목 통증이 사라져 다음 날부터 출근하였다. 신안 지명중학교에 근무할 때 주말이면 나이 지긋한 선배 선생님께서 임포텐스로 고민하며 벌침이 효험이 있다는 말을 어디서 들었는지 놓아달라 자꾸 졸라대는 통에 하는 수 없이 그것에 효험이 있다는 혈을 찾아 벌침을 몇 방 놓아 주었다. 다음 월요일 아침 선배 선생님께서 콧노래를 부르며 출근하였다. 그리고 느끼하게 의미심장한 미소를 지으며 "박 선생, 아주 좋았네."라며 내 어깨를 툭툭 치는 것이었다. 지금도 그 선배께서 짓던 표정이 떠오를 때면 웃음이 절로 나온다.

이러한 효험으로 내가 벌침에 푹 빠져있던 시절이었다. 그땐 아무리 많이 잡아도 꿀벌은 줄지 않았고 어디 가든지 쉽게 만날 수 있었다. 아침에 뒤뜰 호박꽃 속에 벌들이 몇 마리씩 함께 꿀을 따느라 정신이 없었고, 참깨밭에 가면 하얀 꽃 속으로 벌들이 들어가 벌 잡기는 식은 죽 먹기였다. 섬쥐똥나무와 아까시 꽃이 필 때면 진동하는 꽃향기와 윙윙거리는 꿀벌 소리에 취해 시간 가는 줄도 몰랐다.

요즘은 벌침과 같은 민간요법을 의료법으로 엄격하게 단속하고 있다. 그뿐만 아니라 생태의 중요성 때문에 벌침을 놓기 위해 벌을 잡는다는 것이 양심이 허락지 않아 벌침에서 손을 뗀 지도 꽤 오래되었다. 그래도 가끔 관절이 쑤시고 허리에 통증이 심하면 벌침에 대한 유혹이 일어날 때도 있다. 자연생태의 중요성을 잘 알고 있으면서도 꿀벌의 목숨을 그저 단순한 소모품으로 여기는 벌침에 대한 향수에 젖어 있다니 나도 어쩔 수 없는 위선자인지도 모른다. 그러나 이러한 유혹이 엄습할 때마다 양심이 내리치는 죽비에 정신이 번쩍 들곤 한다.

아무리 소중한 것도 흔하면 소중한 줄을 모르는 것이 인지상정이다. 지금은 거저 숨을 쉬고 물을 마시고 햇볕을 쏘이며 살아가지만,

막상 숨쉴 공기와 마실 물 그리고 생명의 근원인 태양이 사라진다면 인간은 어떻게 살아갈 수 있을까. 막다른 골목에 이르러서야 사람들은 그것들의 중요성과 소중함을 깨닫게 된다. 그러나 그때는 이미 늦어 후회해 봐야 소용이 없을 터이다. 그러니 사라져가는 꿀벌도 그와 마찬가지가 아니겠는가.

몇 년 전부터 꿀벌들이 사라지고 있다는 언론 보도가 있었다. 그러나 올해처럼 이렇게 벌들이 아예 눈에 보이지 않을 만큼은 아니었다. 유엔식량농업기구(FAO) 통계에 따르면 전 세계 식량의 90%를 차지하는 100대 주요 작물 중 꿀벌이 수분 매개를 담당하는 종이 과일, 채소 등 71종일 정도로 식량 생산에 중요한 역할을 하고 있다고 보고했다. 만약 꿀벌이 사라진다면 인간이 재배하는 주요 작물의 품귀 현상은 불을 보듯 뻔한 일일 것이고 가격 또한 치솟을 것으로 예상된다. 그러니 꿀벌이 사라진다는 것은 인류의 생존과도 직접적인 관계가 있는 것이 아니겠는가.

꿀벌의 침묵. 가장 큰 이유가 기후변화일 것이라고 학자들은 이야기하고 있다. 꿀벌이 사라지는 것은 바로 인간이 초래한 화임이 틀림없어 보인다. "만약 지구상에서 꿀벌이 사라진다면 인류는 그로부터 4년 후 멸망할 것"이라는 알베르트 아인슈타인의 경고가 말하고 있듯이 꿀벌이 없는 세상은 상상할 수가 없을 정도로 인간에게는 심각한 세상이 될 것이다. 인간이 살기 위해서는 꿀벌도 함께 살아야 한다. 이 세상에 사는 모든 생명체가 공생해야 인간도 생존할 수 있다는 말이다.

오늘 아침 불광천 벚꽃 터널을 걷다가 꿀벌이 한 마리도 보이지 않아 레이첼 카슨의 《침묵의 봄》이 문득 생각났다. 이런 세상이 곧 도래하지 말라는 법도 없으리라. 소름이 돋았다.

> 자연은 소름이 끼칠 정도로 침묵했다. 그렇게 즐겁게 재잘거리던 새들은 다 어디로 가버린 것인가? 모두가 이상하게 생각했으며, 불길한 예감에 사로잡혔다. 뒤뜰의 모이통은 텅 비어 있었다. 단 몇 마리의 새마저도 다 죽어가는 듯 몹시 떨면서 날지도 못했다. 봄은 왔는데 침묵만이 계속되었다.
>
> 병든 세계, 새 생명의 탄생을 울부짖는 소리도 이제는 들을 수가 없다. 어떤 마술이나, 어떤 적군에게도 습격당한 것도 아니다. 이 모두가 인간이 스스로 초래한 화였다.
>
> 레이첼 카슨, 《침묵의 봄》 서문 중에서

나뭇가지 엮어 진흙을 발라 작은 오두막집을 짓고 아홉이랑 콩밭에 벌통 하나 두고 벌이 윙윙대는 이니스프리의 숲속에서 행복하게 살고 싶다던 예이츠가 꿈꾸는 곳이 바로 우리가 살아가야 할 곳이 아닌가 싶다. 꽃밭에 꿀벌이 노래하고 춤추는 세상이 곧 내가 살고 인류가 사는 세상임을 명심해야 할 일이다.

소나무

소나무보다 더 정情이 가는 나무가 있을까. 소나무가 선비들이 선호하는 오군자에 속해서도 아니고, 솔거가 그린 황룡사 벽화나 남농 선생이 즐겨 그리던 남종문인화 속의 나무여서도 결코 아니다. 십장생에 포함된 무병장수를 기원하는 나무여서도 아니고, 늘 푸른 남산의 낙락장송이거나 〈세한도〉 속의 변치 않은 절개를 상징하는 나무여서도 아니다. 내가 소나무에 정이 가는 것은 내 파란 유년시절뿐만 아니라 평생을 두고 희로애락을 함께한 나무라서 친근함과 따뜻한 정이 더 가는지도 모르겠다.

소나무는 나의 의지와는 상관없이 나와 깊은 인연을 맺었다. 내가 일성을 지르며 세상에 태어나던 날, 아버지는 왼 새끼를 꼬아 생솔

가지 몇 개와 고추를 끼운 금줄을 사립문 앞에 당당하게 내걸었다. 첫아들이 태어났으니 자랑 겸 악귀나 돌림병 같은 잡스러운 것들이 집안에 들어오지 말라는 당신의 간절한 바람이었을 것이다. 그뿐이랴. 정월에 장을 담글 때도 어머니는 소금물에 메주를 담근 후 생솔가지를 군데군데 꽂은 금줄을 항아리에 빙 둘러치셨다. 어머니도 장독에 잡스러운 것들이 범하지 못하게 미리 막고 좋은 간장 된장으로 잘 익어가 주기를 간절히 바라는 마음이었을 것이다. 또한 미틈달이 지난 동짓날이면 어머니께서 가시가 앙상한 엄나무 가지가 걸려있는 문설주 위에 솔가지에 붉은 팥죽 물을 묻혀 이리저리 흩뿌리곤 했었다. 깊은 뜻이야 내 알 수 없는 일이지만 소나무는 집안에 일이 있으면 언제나 맨 먼저 나서곤 했다.

소나무에는 나의 유년시절 소중한 추억들이 서리서리 서려 있다. 소나무 가지로 만든 새총으로 새를 잡겠다고 진종일 산을 헤매고 다니지만 돌아올 때는 언제나 허탕. 그래도 새총만 들면 또 산으로 달려가고 싶은 충동이 일었다. 또 송판을 깎아 만든 배를 방죽에 띄우고 경쟁에서 이겨 주기를 바랐던 배가 바람에 뒤집히기라도 하면 속상해서 발정이 난 뿌사리처럼 코를 씩씩 불며 길섶 돌부리를 걷어차기도 했었다. 팽이는 또 어떤가. 소나무를 깎아 만든 팽이 아래에 쇠구슬을 박고 윗면은 크레온으로 형형색색 칠을 한 후 팽이채로 힘차게 내리치면 넘어질 듯 비칠거리던 팽이가 똑바로 서서 태양을 도는 행성들이 그리는 환상적인 색깔의 원을 그리며 팽글팽글 돌아가는 팽이의 멋에 반해 해 지는 줄도 몰랐다. 빈 깡통에 구멍을 숭숭 내어 간솔을 담고 불을 붙여 빙글빙글 돌리던 대보름날 쥐불은 다른 어떤 동무들의 불보다도 더 활활 타오르며 불꽃이 꺼질 줄 몰랐다. 봄에 올라온 송순을 꺾어 물웅덩이에 던지면 송순은 무지갯빛 그림을 그렸다. 송순이 물위에 파스텔 컬러로 그리는 성당 유리창 스테인드글라스 문양의 그림을 그리며 이리저리 떠다니는 모습에서 찬란한 봄을 보았다. 고독했던 나의 유년시절 푸른 날개를 활짝 펴 창공을 향해 끝없이 날아갈 수 있도록 한 것이 소나무였다.

하늘엔 종달새 지저귀고 청보리밭 너머로 아지랑이 감실감실 아른거리며 노란 송홧가루 날리던 봄날, 사탄의 유혹에 넘어가 에덴동산의 선악과를 따먹은 이브처럼, 방과 후 산길을 따라 집으로 돌아오는 길에 아이들은 배고픔이란 사탄에 미혹迷惑당해 소나무 송쿠를 해 먹었다. 힘차게 솟아오르는 소나무 마디를 뚝 꺾어 껍질을 벗기면 그 뒤에 숨어있던 하얀 속살 송쿠와 줄줄 흐르는 물기는 꿀처럼 달고 명다래 속처럼 부드러웠다. 초근목피로 목구멍에 친 거미줄을 걷어내던 시절이었으니 무엇이 옳고 그른 일인지 분별할 여유도 없었다. 허기진 배를 채워주던 소나무, 게다가 송진까지 껌 대신 질겅질

경 씹으며 무료한 하루를 달래기도 했으니 소나무보다 더 정겨운 나무가 또 어디 있었을까.

소나무는 온몸을 몽땅 베풀어 주는 희생적인 나무였다. 화석연료가 없던 시절, 밥 짓고 국 끓이며 온돌방을 따듯하게 데워주는 것도 모두 소나무 몫이 아니었던가. 가을이면 갈퀴로 긁어모은 솔가리 갈퀴나무는 겨울 땔감으로는 제일이었다. 고슬고슬한 솔가리 나무로 아궁이에 불을 지펴 밥솥이 끓고 나면 불기운이 남아있는 재를 화로에 담아 안방으로 들이었다. 화로에 고구마를 묻어놓고 익기를 기다리는 동안 할머니께서는 화롯가에 빙 둘러앉은 손자들에게 옛날이야기 꽃을 활짝 피우셨다. 그땐 무슨 귀신들도 그리 많았던지, 귀신이야기를 들었던 저녁은 무서워 칙간에도 가지 못했다.

소나무 가지가 말라죽은 자장개비와 솔꽁은 어머니께서 가장 좋아하시던 땔감이었다. 마당에 멍석을 깔고 앉아 저녁을 먹은 후에 어머니께서는 호미 셋을 거꾸로 마당에 박고 가마솥 뚜껑을 뒤집어 얹은 후 돼지기름으로 한 바퀴 휙 두른 다음 참기름을 발라 밀문지를 지지셨다. 고소한 밀문지 냄새와 자장개비와 솔꽁이 자작자작 타며 나는 솔 향기가 어우러진 그 정겨운 냄새가 서리서리 피어올라 마당을 가득 채웠고, 밤하늘에는 은하수가 우리 집 마당 위를 가로질러 남쪽으로 흘러가고 있었다.

자작일촌自作一村인 고향 마을 초입에 자리 잡은 선산. 그곳에는 아름드리 소나무가 빙 둘러서 있었다. 조상들이 심어놓은 일종의 마을 수호신 같은 둥구나무들이었다. 이 선산에서 동네 아이들은 돼지 오줌통을 차며 해 가는 줄도 모르고 신나게 놀며 자랐던 곳이다.

시월 시제 때가 되면 각지에 흩어져 살던 자손들이 모여 겹겹이 빙 둘러서서 시제를 지냈다. 동네의 품격과 기풍 그리고 역사가 오롯이 깃들어 있던 소나무들, 이 나무들이 언젠가 모두 베어나가고 등 굽은 소나무 몇 그루만 남아 선산을 지키고 있다. 소나무들이 사라진 후론 고향에 갈 때면 반겨줄 어머니가 없는 텅 빈 집처럼 고향 마을이 허전하기만 하다.

태어나면서 연을 맺어 황혼에 접어든 이 나이 때까지 항상 소나무 생각에 젖어 사는 나는 그 어떤 나무보다 소나무를 더 사랑하는 것 같다. 그리하여 내 소원이 하나 있다면 세상을 이별하는 날 송판으로 짠 관에 들어 솔바람이 솔솔 부는 고향 언덕에 묻히고 싶다. 사시사철 솔 향기 맡으며 솔바람이 전해주는 세상 이야기를 들으면서 소나무 숲 아래 편안히 잠들어 쉬고 싶다.

제4부 / 연리근

한 가지에 난 나뭇잎이어라
몽돌의 차르르 따르르 · 연리근連理根
노을 · 세밑 가지에서
삼촌금연三寸金蓮 · 만 나이에 대하여
위리안치圍籬安置

한 가지에 난 나뭇잎이어라

형제들이 함께 여행에 나섰다. 4남 1녀인 5형제 부부가 함께한 제주도 여행이다. 매형과 누나는 망팔望八을 훨씬 넘겼고 막냇동생 부부도 지천명知天命을 한참 넘었으니 때늦은 형제간의 나들이라고 해도 과언이 아니다.

먼 길을 오느라 고단했던지 누나와 동생들은 저녁 일찍 잠자리에 들었다. 세상에 형제애만 한 것이 또 어디 있을까. 젊어 바쁠 때는 느끼지 못했던 그 소중함이 나이가 들어감에 따라 더욱더 절절히 느껴진다. 월명사月明師의 시 〈제망매가祭亡妹歌〉의 한 구절, "어느 가을 이른 바람에 이에 저에 떨어질 잎과 같이 한 가지에 나고서도 가는 곳 모르누나"라는 절구가 불현듯 떠올라 인생의 황혼 길에 들어선 지금 형제애가 더욱 소중함으로 다가온다. 누님의 뒷모습에서 어머님의 모습이, 나이 들어가는 동생들의 자태에서는 아버지의 모습이 그려진다. 아마 동생들도 나의 얼굴에서 아버지의 모습을 보고 있을지도 모르겠다.

그동안 형제들은 각기 바삐 사느라 함께 여행할 수 있는 여유가 없었다. 그런데 크게 한 번 앓지 않던 매형이 갑작스레 입원 치료해 생사의 고비를 넘겼다. 이러다가 형제 중 누가 언제 어떻게 되지 않을까 싶어 형제끼리 여행을 하며 그동안 못다 한 형제애를 나누고자 뜻을 함께 모은 것이다.

다음 날 아침, 제일 먼저 찾은 곳은 절물자연휴양림이다. 삼나무 숲이 하늘 높은 줄 모르고 쭉쭉 뻗어있다. 안개가 짙게 드리운 삼나무 숲은 몽환적인 분위기를 자아낸다. 넓은 바다 한가운데 탐라를 솟아오르게 하신 창조주께서 오늘 우리 형제들을 위해 특설 무대를 마련해 주신 것은 아닐까. 누가 먼저랄 것도 없이 형제들은 부부끼리 손을 잡고 안개 자욱한 숲길을 걷는다. 형제들의 우애에 감동이라도 한 것인지 길섶에서 노니는 노루들도 놀라지 않는다. 하기야 5형제 모두 가정 하나 흔들림 없이 화목하게 잘살고 있으니 이런 미물들도 감동하지 않을 수 없으리라. 안개 속 휴양림을 걷는 형제들의 모습이 하나님께서도 '보기에 참 좋구나.' 하실 것만 같다.

다음 코스는 비자림. 향긋한 비자나무 향에 코끝이 상큼하고 가슴이 뻥 뚫린다. 500년이 훨씬 넘는 비자나무숲이 빽빽한 원시림을 이루고 있다. 붉은색 화산재가 깔린 오솔길과 열대우림처럼 빼곡한 비자나무 숲 사이를 여유있게 걸으니 신선들이 노닐었다던 무릉도원이 따로 없다. 천수일각千手一脚의 비자나무들이 하늘을 가려 햇빛 한 가닥 들지 않는다. 숲 한가운데 웅장한 모습을 한 비자나무 한 그루가 늠름하게 자리를 지키고 있다. 크기와 웅장함 그리고 수격樹格으로 보아 조상 나무가 틀림없어 보인다. 생명이 있는 모든 것들은 뿌리가 있는 법, 한 뿌리에서 태어난 우리 형제들처럼 조상 나무로부터 태어난 비자나무 숲도 그 우애가 돈독한 모양이다. 비자나무 한 그루 한 그루가 서 있는 곳이 서로 조화를 이루어 보기에 참 좋아 보인다.

지나가던 길에 우연히 '건강과 성'이란 박물관을 만났다. 호기심이 발동해서 계획에도 없던 곳으로 발길을 돌렸다. 형제바위가 내려다 보이는 나지막한 언덕배기에 고즈넉하게 자리 잡은 박물관 입구에는 빨간 치마에 빨간 립스틱을 바른 메릴린 먼로(Marilyn Monroe) 상이 활짝 웃으며 반가이 맞는다. 박물관에 들어서자 비밀스러운 것들이 버젓이 눈앞에 나타나 유혹의 날갯짓을 한다. 탐스러운 남근석, 외설적인 성행위 조각품들, 벽에 그려진 관능적인 여성의 나체 사진들……. 눈알이 휘둥그레진다. 쑥스럽지만 태연한 척 전시관을 하나 하나 꼼꼼히 둘러보았다. 성에 대한 호기심이 아직도 내게 남아 용암처럼 꿈틀거리다니……. 나에게도 에로스를 향한 열정이 살아 있단 말인가.

"도덕은 인간 삶의 질에 바탕을 두어야지 도덕이 삶을 지배해서는 안 된다. 성은 감추는 것 없이 충분히 누리고 즐겨야 마땅한 것이며 그럼으로써 삶이 풍부해진다."라고 박물관 설립자는 성의 중요성을 설파하고 있다. 사실 성에 관해서 우리는 모두 너무 보수적이 아니었던가. 인간의 기본 욕구 중에서 가장 중요한 부분이지만 이걸 음지에서만 논하고 밖으로 드러내 놓지 못한 데서 더 큰 사회적 문제가 생기지는 않는지 진지하게 생각해 볼 일이다.

성 박물관 관람이 끝나고 모두 밖으로 나왔다. 누나는 나오면서 손사래를 설레설레 저으며 다시는 이런 곳에 오지 말자고 하지만, 얼굴은 이미 불콰해졌다. 막내는 아이들을 데리고 다시 와서 성교육을 시켜야겠다고 다짐을 하고, 셋째 목사는 시치미를 뚝 잡아떼고 점잖은 척한다. "아이고, 크기는 크데." 둘째 동생이 느닷없이 던지는 한마디에 여자들은 까르르 웃으며 배꼽을 잡는다. 한바탕 웃음에 쌓였던 피곤이 싹 달아나 버린다.

오름마다 피어난 하얀 억새꽃 무리, 끝없이 펼쳐진 메밀꽃밭, 희미한 안개 속에 잠겨있던 드넓은 목장들, 1,100고지에 피어난 분홍빛 제주 한라 물부추꽃을 배경으로 환하게 웃던 형제들의 모습이 어른거린다.

여행 마지막 날 공항으로 가는 길에 함덕해수욕장에 들렀다. 바람이 거세고 날씨도 우중충하지만 거친 파도를 타며 사람들이 윈드서핑을 즐기고 있다. 바닷가 찻집에서 마시는 따듯한 차 한 잔이 여행을 더욱 풍미롭게 한다. 끝없이 밀려오는 파도를 바라보는 사이 모처럼 형제들과의 여행이 행복했고 반면 너무 짧아 못내 아쉽다.

공항에 들어서서 면세점 화장품 판매대에 들러 마음에 드는 립스틱을 하나씩 고르도록 했다. “내년에는 이 립스틱 짙게 바르고 다시 동해에서 만나도록 합시다.”라고 내가 던진 한마디에 “시숙님, 고마워요.” “동생, 고마워.” 하며 모두가 얼굴이 환해진다. 내년을 기약하고 다섯 형제 부부는 트랩을 밟고 비행기에 올랐다.

한 부모로부터 한 피를 받고 세상에 태어난 형제야말로 한 가지에 난 나뭇잎이 아닌가. 다른 어떤 것과도 비교할 수 없는 깊고 귀한 인연이 바로 형제임에 두말해 무얼 하겠는가. 부모 슬하에서 어린 시절 행복했던 순간들이 밤하늘에 반짝이는 별만큼이나 또렷이 떠오른다. 형제들이 서로 사랑하며 쉬 떨어지는 늦가을 나뭇잎처럼 흩날리지 말고 오래오래 함께 살아 여생을 아름답게 보냈으면 하는 마음 간절하다.

비행기 창밖 밤하늘에는 보름달이 둥실 떠오르고 있다.

몽돌의 차르르 따르르

우연히 발견한 몽돌 하나에 나의 마음을 빼앗겼다. 솔로몬의 마음을 첫눈에 사로잡은 술람미 여인 같은 그 작은 돌멩이를 나는 주머니 속에 몰래 숨겨가고 싶은 욕망이 불끈 일었다.

모나지 않아 모든 것을 포용할 것 같은 둥글둥글한 모습, 반질반질한 피부는 로션을 바른 젊은 여인의 얼굴처럼 부드럽다. 작지만 야무진 외모와 침묵 속에 담겨진 강인한 생명력, 무엇보다 검은 바탕에 흰색으로 흘려 쓴 일심一心이란 글자 문양은 그 돌의 아름다움과 강인함 그리고 심오한 절개節槪까지 품고 있는 듯한 주먹 크기의 몽돌이었다.

몽돌은 개울이나 바닷가에서 볼 수 있는 흔한 돌멩이다. 거친 돌멩이들이 끝없이 밀려오는 강물이나 파도에 씻기고 부딪쳐 마모된 동글동글해진 돌을 말한다. 사람들의 얼굴이 제각각이듯이 몽돌도 돌의 재질과 마모의 형태에 따라 특이한 모양이나 독특한 문양을 담고 있다. 꽃 모양이나 산수화가 그려지기도 하고, 천체도天體圖에 그려진 별의 궤적처럼 무지개 색깔의 둥근 테를 몇 겹으로 감고 있는 문양도 있다. 때론 수많은 점이 밤하늘의 별처럼 표면 가득히 촘촘히 박혀있는 것들도 있고 공처럼 완전히 동글동글하거나 길쭉한 수박처럼 두리뭉실한 놈도 있다. 이런 몽돌의 매력에 빠져 강가나 바닷가에 가게 되면 나는 시간 가는 줄도 모른다.

바람 부는 날, 바닷가에서는 몽돌의 속삭임을 들을 수 있다. 바람을 앞세우고 밀려오는 파도를 따라 끊임없이 오르락 내리락 "차르르 따르르" 읊조리는 몽돌들의 속삭임은 차안此岸의 고통 소리가 아닌 피안彼岸의 목탁 소리 같다. 그건 몽돌의 간절한 염원의 소리일 것이다. 모난 자신의 모습으로 다른 사람의 마음에 상처를 주지 않는 둥글둥글하고 원만한 모습으로 살아가게 해달라고 비는 기도 소리로, 아니면 세상에서 거칠고 모나게 살아 이웃에게 아픔과 상처를 주었을 과거를 뉘우치는 참회의 소리로 들리기도 한다.

몽돌이라고 해서 어찌 아픔이야 없었을 것인가. 작은 생채기 하나에도 비명을 지르는 인간에 비하면 몽돌의 구르는 저 소리는 어쩌면 돌끼리 부딪치는 마찰음이 아니라, 그들이 토해내는 울음소리인지도 모른다. 삼백예순다섯 날을 다른 돌들과 부딪치며 깨지고 마모되어 뼈를 깎는 아픔을 견디는 소리일 것이다. 어찌 새로운 탄생이 그리 쉬운 일이겠는가. 이런 아픔 속에서 몽돌이 탄생하는 것이다.

돌이켜 보면 나의 젊은 시절은 정釘에 맞아 쪼개진 모난 돌처럼 날카롭고 까칠까칠한 성난 고슴도치 모양새였다. 하긴 젊은 나이에 사회적 모순과 불합리를 보고 그저 지나칠 사람이 어디 있으랴만, "20세에 사회주의자가 아닌 사람은 심장이 없는 것이고, 40살에 여전히 사회주의자인 사람은 머리가 없는 것"이라는 칼 포퍼(Karl Raimund Popper)의 말처럼 나의 젊은 날은 가자미눈으로 세상을 보며 살았지 싶다. 합리와 진리만을 주장하고 다른 사람의 생각을 배려하지 않으며 내 주장만을 앞세웠다. 힘있는 자 앞에서 앞발을 비비지 못하고 아부와 타협을 거부했던 나는 다른 사람의 눈에는 모난 돌멩이였을 것이다.

생각하는 것이 원만하여 어떤 말을 들어도 이해가 되지 않는 것이 없는 이순耳順이 지나고, 뜻대로 행하여도 도리에 어긋나지 않은 나이 종심從心이 넘었는데도 아직도 사회적인 불합리에 문득문득 화가 치밀고 세상사 뜻대로 되지 않는다고 짜증이 나기도 한다. 산전수전 한세상 다 겪으며 살아온 내 모습이련만 까칠한 성정이 그대로 남아있어 문득문득 부끄러울 뿐이다. 내 마음 한구석에 독 오른 꽃뱀 한 마리 똬리를 틀고 있어 때로 불끈불끈 화심心火이 솟아오르는 것인가.

한 인간이 온전한 인간으로 완성되는 것은 언제쯤일까. 세상의 모진 풍파를 이겨낸 수도승같이, 끝없는 연마를 통해 모나지 않는 몽돌이 되는 순간이 온전한 인간이 되는 순간일까?

그러나 아무리 원만한 몽돌이라 할지라도 완성된 몽돌은 없어 보인다. 바람이 불고 파도가 치면 그들은 또 변함없이 구르고 마모되며 보이지 않는 완성을 향해 가고 있는 것이 아닌가.

"완성된 인간이 되고 싶은가. 이 세상에 완성이란 없다. 몸과 영혼이 마모되어 무화無化되는 순간까지 갈고 닦고 또 닦으라." 마치 내 마음을 알고 있기나 하는 듯이 몽돌의 속삭임이 가슴으로 전해진다. 차르르 따르르, 차르르 따르르….

연리근連理根

가까이 자라는 두 나무가 서로 만나 합쳐지는 현상을 연리連理라 한다. 오랜 세월을 함께하며 서로 부대끼고 겹쳐져서 하나가 되는 현상이다. 가지가 만나면 연리지, 줄기가 맞닿으면 연리목, 뿌리가 합해지면 연리근이라 부른다. 이렇게 두 몸이 하나가 된다는 의미로 일명 '사랑 나무'라고도 불린다.

해남 대흥사 경내에는 연리근이 한 그루 서 있다. 수령이 500년이 넘는 이 느티나무는 두 나무가 뿌리부터 만나 하나가 되었다. 왼쪽 나무는 기가 차분한 '음'의 형태를, 오른쪽 나무는 혈기 왕성한 '양'의 형태를 지니고 있다. 음양의 조화까지 이루고 있는 이 나무는 그야말로 천생연분이지 싶다. 뿌리부터 한 몸이 되어 서로 의지하고 살아온 이

나무는 사랑의 화신인가 보다. 나무 앞에 서니 가슴이 뭉클해진다.

서로 다른 나무가 만난다고 다 연리지가 되는 것은 아니다. 나무도 서로 연이 맞아야 한다. 소위 불가에서 말하는 인드라망의 매듭 매듭에서 반짝이는 구슬의 빛을 알아보고 서로 끌어당길 때 인연이 맺어지듯이, 나무들도 서로를 느끼고 받아들임으로써 연리지라는 아름다운 모습으로 태어나지 않을까 싶다. 연리목이 되기까지는 두 나무가 만나 부대낌으로 껍질이 벗겨지는 아픔도, 상처가 아물어 가는 쓰라림의 과정도 함께 겪으며 한몸이 되는 과정이 필요할 테니 연리란 우연이 아닌 필연적인 만남으로부터 시작되는 것이 아닐까.

전남 무안고등학교 재직시절, 학생들을 인솔하여 '음성 꽃동네'에 봉사활동을 간 적이 있다. 정문에 들어서자 동상 하나가 눈길을 끌었다. 허름한 모습에 벙거지를 눌러쓰고 망태기를 둘러맨 거지 최귀동 할아버지의 동상이었다. 음성 꽃동네를 상징하는 조형물이다. 그때 맺은 인연으로 정기적으로 적은 후원금을 보내고 있지만 매월 보내오는 소식지 표지에는 거지 최기동 할아버지께서 활짝 웃고 계신다.

거지 최귀동 할아버지와 오웅진 신부와의 만남은 인연의 중요성을 깨닫게 해준다. 음성 음극 천주교성당에 부임해온 오웅진 신부가 어느 날 우연히 길거리에서 거지 한 사람을 발견했다. 그리고 그에게 마음이 끌려 그냥 뒤따라갔다. 그가 기거하는 곳은 흙담으로 벽을 쌓고 거적으로 지붕을 덮은 금방이라도 쓰러져갈 것 같은 움막이었다. 그 움막 안에는 또 다른 거지 셋이 있었다. 남편은 폐병에 앓아 누워 있었고, 아내는 불구인데 남편의 의처증 때문에 동냥질도 못하는 형편이었다. 그 옆에는 굶어 삐쩍 마른 아이가 힘없이 누워있었다. 이런 딱한 가정을 거지 최귀동 할아버지가 동냥으로 먹여 살리고 있는 것을 목격한 오웅진 신부는 다메섹에서 예수님의 음성을 들은 바울처럼 그 순간 하나님의 계시를 받아 "그래, 내가 할 일은 오갈 데 없는 불쌍한 거지들을 위해 일을 하는 것이다."라고 깨닫게 된 것이다. 그는 최귀동 할아버지의 헌신적인 사랑에 감동해 그해 움막 자리에 사랑의 집을 짓고 열여덟 명의 걸인들을 수용했다. 이것이 바로 '음성 꽃동네'의 시작이었다. 지금은 음성 꽃동네가 국내의 지체부자유자 등 의지할 곳이 없는 불우한 이웃 사천여 명뿐만 아니라 세계 여러 곳에서도 수많은 불우이웃을 도우며 사랑을 실천하고 있는 복지시설로 성장한 것이다.

지방에서 평생 살다가 늘그막에 서울에 올라와 낯설고 물선 곳에서 천애고아처럼 외롭게 하루하루를 지내던 어느 날, 우연히 조계사 앞 길거리에서 광고 플래카드를 보았다. "책임지고 수필 쓰기를 지도 함. 원하는 사람 연락 바람". 나는 눈이 번쩍 띄었다. 당장 연락처로 전화를 걸자 친절하고 자상한 목소리가 들려왔다. 다음 날 약속 장소로 찾아갔을 때 머리가 하얀 선생님께서 반가이 맞아주셨다. 그리고 놀란 것은 고등학교 선배 한 분도 선생님께 수필지도를 받고 있었다. 무안고등학교 근무 시절 무안교육지원청장으로 무안 거점 고등학교 설립추진을 위해 함께 노력했던 분이었다. 어찌나 반갑던지 그만 얼싸안고 말았다. 이렇게 찾아가 만난 모임이 '하전수필문학아카데미'이다. 어쩌면 우리의 만남은 우연이 아닌 오래전 약속이 돼 있었던 필연일지도 모를 일이다. 일주일에 한 번씩 만나 써온 글을 합평하고 토론하는 것은 어디에서도 찾아볼 수 없는 즐거움이었다. 지금까지 막연하게 글쓰기를 꿈꾸고 있던 나에게 밝아오는 아침 여명처럼 환하게 빛을 비춰 길을 인도해 주고 있다.

불교의 기본 경전인 《반야심경》은 '인간을 형성하는 다섯 가지 요소를 한곳에 합쳐 놓다.'라는 뜻인 오온五蘊, 즉 색수상행식色受想行識이 한데 모여야 완전한 인간이 된다고 가르치고 있다. 어디 인간뿐이랴. 세상 모든 삼라만상의 생멸도 그 구성 요소들이 한데 모여야 한다는 뜻일 것이다.

해남 대흥사 경내에 서 있는 사랑의 화신 연리근도 두 나무 뿌리의 만남에서 시작된 것일 게고, 30년 동안 거지 생활로 동냥을 하여 자기보다 못한 사람들을 위해 보살피며 사랑을 실천했던 최기동 할아버지의 거룩한 뜻도 오웅진 신부와의 만남을 통해 이루어진 인연으로 인해 오늘날 크게 빛을 보게 된 것이 아니겠는가. '하전수필문학아카데미'에서 우리의 만남도 우연은 아닐 것이다. 거기에도 어떤 숭엄한 뜻이 숨어 있지 않을까.

해남 대흥사에 경내에 서 있는 '사랑 나무' 연리근을 배경으로 음성꽃동네 정문에서 웃고 있는 거지 최귀동 할아버지의 동상과 노년에 제자 양성에 정성을 다하시는 하얀 머리의 자비로운 하전 선생님의 모습이 한데 겹쳐 눈앞에 어른거린다.

노을

분꽃이 필 무렵 나는 서둘러 서재의 커튼을 걷고 창문을 연다.

백련산 기슭에 자리 잡은 한 아파트의 서너 평 남짓 되는 나의 서재는 사방이 벽으로 막혀있어 마치 고도孤島같이 외로운 방이다. 또한, 여과 없이 폭포처럼 쏟아지는 여름 햇빛은 방 주인이라도 된 듯 막무가내여서 무뢰한 햇빛을 막으려 오후 내내 커튼을 치고 창문을 닫아야 한다. 그래서 작은 골방 곰팡이 냄새가 나는 책갈피에 지친 눈과 세상과 단절되어 갑갑한 마음을 풀기 위해 커튼을 걷고 창문을 여는 시간이 어지간히 기다려지는 것이다.

창문을 열면 건너편 봉산烽山 위 초저녁 하늘에는 마술 같은 노을이 펼쳐진다. 날궂이가 가까워질 때면 가끔 볼 수 있는 진풍경이다.

이런 날은 하늘이 요동을 친다. 하늘에 해일이라도 이는 것일까. 구름의 움직임이 날름거리는 용의 혀처럼 예측불허다. 피어나고 스러지기를 반복하며 시시각각으로 변해가는 구름의 모습이 폭풍 후 갯바위에 밀려오는 파도와도 같이 변화무쌍하다. 황금빛 노을이 하늘을 덮는가 싶다가도 어느새 주홍색으로 물들어 가고 그것도 모자라 아예 하늘 전체가 진보라색으로 물들기도 한다. 황홀한 마술 세상이 펼쳐지는 시간이다.

노을이 지는 하늘은 한 폭의 그림이다. 순간순간 그려지고 있는 살아있는 그림이다. 하늘이 황금빛으로 물들어 갈 때면 한 부부가 기도를 올리는 평화로운 농촌 풍경 〈만종〉을 보는 것 같다. 들에서 일하다가 저녁 종이 울리면 일을 멈춰 서서 죽은 이들을 위해 기도를 드리는 할머니의 옛 모습을 잊지 못해 밀레가 그린 그림이다. 삼종기도 소리가 퍼져가는 듯한 붉은 저녁 하늘은 더욱 고요하고 평화롭고 성스러워 보인다.

또한 하늘이 흰색과 남색이 뒤섞여 짙은 회색으로 변해 갈 때면 누렇게 익은 밀밭 위로 까마귀 떼가 날아오르는 반 고흐의 그림 〈까마귀 나는 밀밭〉이 보인다. 억누를 수 없는 격정과 갈등의 감정을 붓의 거친 터치로 표현하고 있는 듯한 노을의 색깔이 반 고흐의 심정을 드러내기라도 하는 것일까. 밀밭 어느 지점에 서서 그는 자신의 가슴을 향해 방아쇠를 당길 때 까마귀 떼가 놀라 잿빛 하늘로 날아오르리라고 미리 상상하며 그 그림을 그렸을지도 모른다. 짙은 회색빛으로 물들어 가는 노을을 바라보면 불행했던 반 고흐가 떠올라 저무는 하늘이 무겁기만 하다.

노을이 그림만 그릴까. 아름다운 수필도 쓰는 재주가 있다. 하늘이 보랏빛으로 물들어 갈 때면 마법의 색 보라를 노래한 최민자 님의 수필이 떠오른다. 그는 〈꿈꾸는 보라〉에서 서해의 작은 섬 자월도에 간다고 했다. "그곳에 정말 보라색 달이 뜰까. 화성에서 온 여자의 살빛 같은 신비로운 달이 어두운 바다 저편에서 환한 팬지꽃처럼 떠올라줄까. 그늘 냄새와 풀벌레 소리가 희미하게 배어든 멀리 가는 향기 같은 연보라 달빛이 섬의 치마폭을 흥건히 적실까." 궁금해서 간다고 했다. 보랏빛으로 물든 저녁 하늘을 보면 아련한 그리움이 뭉실뭉실 피어오른다. 이상을 좇던 내 젊은 날의 뒷모습인지도 모른다.

정열적인 붉은색이 솟아오르다 구름에 반사되어 멈춰서는 하늘을 보면 탱고를 추다 멈춰 서서 서로를 응시하는 남녀의 관능적인 모습이 떠오른다. 맹난자 선생님은 이런 탱고를 "욕망과 외로움을 달래기 위한 스스로의 발열, 고양된 감정에 도달하려고 애쓰는, 그러므로 해서 더욱 외로워지고 마는 탱고는 결국 외로운 몸짓의 형상화"라고 했던가. 화려한 복장과 경쾌한 음악, 에로틱한 율동에도 불구하고, 탱고는 관능의 허무라고 했다. 붉게 타오르는 저녁노을도 어쩌면 타버리고 남은 재처럼 허무에 불과한 것이 되고 마는가 싶다. 붉게 물들어 가는 노을에서 에로스의 본질과 삶의 철학적 의미를 깨닫는 맹난자 님의 멋진 수필 〈탱고, 그 관능의 쓸쓸함에 대하여〉를 읽게 되는 것이다.

나도 저녁노을처럼 아름다운 수필 한 편쯤은 써볼 수 있을까. 저녁하늘 가장자리에 살짝 피어오르다 금세 사라지는 한 조각의 구름 같은 작은 글이라도 좋다. 개밥바라기별이라도 한 번쯤 눈길을 줄 수 있는 그런 글 한 줄이라도 쓸 수 있으면 좋겠다. 노을 앞에 서면 여러 가지 욕심들이 하나둘 가슴속에서 이는 것이다. 버리고 또 버려도 부족할 이 나이에 어찌 잡지도 못할 하늘의 별을 따겠다고 까치모둠발을 한단 말인가. 언감생심이지 싶다.

진정한 노을은 해 넘어간 후 한 시간 정도까지라고들 말한다. 창조주께서 감추어둔 진정한 축복의 노을이 펼쳐지는 시간이다. 그래서 이 시간을 '매직 아워'라 부르는 것이다. 세월 따라 농익어 가는 포도주처럼 저녁노을도 해넘이 후라는 말이 틀린 말은 아닌 듯싶다. 어찌 해넘이 후의 아름다움만 농익은 아름다움이겠는가. 인생의 진정한 아름다움도 황혼이 지난 후가 아닐까 싶다. 지는 해를 등지고 왔던 길을 뒤돌아서서 걸어가다가 노을의 아름다움에 미련이 남아 다시 뒤돌아서게 하는 노을 같은 황혼이 진정한 아름다운 삶일진대 나는 지금 황혼의 어느 지점에 어떤 모습과 어떤 색깔을 하고 서 있을까.

분꽃이 필 시간이면 창문을 열고 팔짱을 끼고 서서 저녁 하늘을 바라본다. 이젠 건너편 봉산 위로 별들이 하나둘 떠오르고 주인이 돌아왔는지 아파트 창문에도 불들이 켜진다.

이제 창문을 닫을 시간, 내일은 또 다른 노을이 아름답게 펼쳐질 것이다.

세밑 가지에서

세밑 가지다. 들뜨고 흥겨워해야 할 연말이 올해는 코로나 블루 탓인지 분위기가 바람 빠진 풍선처럼 을씨년스럽다. 한 해 동안 모든 활동이 중단되고 시간도 멈춘 듯하여 한 일 없이 지나간 듯하다. 그래도 지난 한 해를 뒤돌아보니 엉뚱한 설화舌禍로 마음 상한 적도 있었지만, 세상만사 새옹지마塞翁之馬라고 나의 첫 수필집 《매미섬 별곡》을 상재上梓하는 기쁨도 있었다.

목포에는 만호동이란 동네가 있다. 목포 만호진이 자리하고 있는 역사적인 곳으로 식민지 시대에 일본인들이 자신들만의 삶의 공간을 건설했던 곳이다. 유달산 자락 돋을 양지 언덕에서부터 만호동 일대와 선창까지는 항구도시로서의 입지가 안성맞춤인 곳이었다. 유달산 자락에 자리 잡은 붉은 벽돌 서양식 건축물인 일본 영사관, 근대 건축양식으로 지은 동양척식주식회사, 일본인 자녀들이 다니던 빨간 벽돌집 유달초등학교와 돌을 다듬어 켜켜이 쌓아 올려 지은 목포여자중학교, 뾰쪽한 종탑이 높이 솟아있는 유달동성당과 아담하고 깔끔한 빨간 벽돌집 항동교회, 그리고 구획정리가 두부모처럼 반듯반듯한 길거리에 세워진 일본식 상가와 주택들이 아기자기하게 어울려 들어서 있는 일종의 기획도시였다.

또한 만호동은 조선인들이 거주하는 달동네 서산동과 온금동으로 맞닿아 있다. 달동네 사람들은 가풀막 골목길을 헐떡거리며 오르다가 중간쯤에서 허리를 펴고 서서 거친 숨을 고르며 발아래 만호동을 내려다보고 삶이 힘들어 신세타령을 하였을지도 모른다. 아니 시기하거나 질투심을 느끼며 살았을 것이다. 나도 서산동에서 자취를 하며 살았던 때가 있었다. 아침저녁으로 만호동 거리를 지나 양동陽洞에 있는 미션스쿨인 중학교까지 땀을 뻘뻘 흘리며 걸어 다녔다. 고등학교 시절 토요일 오후에는 항동교회에 모여 YFC(Youth for Christ) 활동을 하였다. 시내 각 학교 회원들이 모여 예배를 드리고 손에 땀을 쥐게 하는 성경퀴즈를 하며 신앙심을 키워가던 곳이다. 또한 외삼촌도 만호동 거리에 있는 양복점에서 재단과 재봉으로 이름난 양복쟁이였다. 그래서 학교를 오가며 환하게 웃으며 나를 반겨주는 외삼촌이 좋아서 참새 방앗간 들르듯 그곳에 자주 들르곤 했다. 일본 사람들이 물러간 그때만 해도 만호동은 낮이면 사람들이 북적이고 밤에는 네온사인이 찬란하게 반짝이던 화려한 거리였다. 그랬던 이곳이 산업화 과정에서 뒤처져 쇠락의 길에 들어서자 가을 끝자락에 나부끼는 낙엽처럼 낡고 퇴색되어 빈집이 늘어나고 사람의 발걸음이 뜸해져 길고양이들이나 드나드는 슬럼가로 변했다. 그러나 만호동이 비록 멀리 떨어져 있고 기억 속에 희미하게 가물거리지만, 나에게는 고향만치나 항상 그리운 곳이다.

지난해 봄 어느 날, 목포 만호동이 전국 TV방송과 인터넷에서 뜨겁게 달아올랐다. 정치권은 물론이고 시민들도 둘로 나뉘어 갑론을박으로 치열하게 공방을 벌일 정도였다. 집권당의 모 국회의원이 이곳 거리의 미래 가치를 알아보고 적산가옥을 몇 채 사들인 것이 발단이었다. 그곳에 자개박물관을 열어 문화의 거리로 만들 계획이라고 했다. 이 사건이 언론을 통해 알려지자 '개발지역을 미리 알고 사들였으니 투기며 불법이다.'라는 주장과 '이 지역을 문화도시로 만들기 위한 선견지명이 있는 명분이 뚜렷한 투자다.'라는 의견으로 팽팽하게 맞섰다. 내 기억으론 이렇게 목포가 전국적으로 뜨겁게 달아오른 적은 해방 이후 처음이 아니었나 싶다. 이러한 논쟁 탓인지 전국에서 관광객들이 밀물처럼 몰려들어 뜻하지 않은 관광특수를 맞기도 했다. 이러한 논쟁은 해를 넘겨서도 그치지 않았다.

만호동이라는 말에 나도 반가워 귀가 쫑긋해졌다. “그 정치인이 목포의 가치를 미리 알고 이렇게 투자한 것은 바람직하다. 누구도 관심 없어 퇴락해가고 있던 지역에 문화거리를 조성하겠다고 적산가옥을 산 것은 지역 발전을 위해서 좋은 일이 아니겠는가. 벌써 많은 관광객이 목포를 찾아오고 있는 것을 보라.”고 SNS에 글을 올렸더니 여지없이 댓글이 달리기 시작했다. “국회의원이 개발계획을 사전에 알고 이곳에 적산가옥을 산 것은 불법이다. 국회의원으로서 이해충돌이 되는 일이니, 부당하지 않으냐.”라며 나의 의견에 맞서는 글이었다. 며칠을 뜨겁게 댓글들이 열을 올리며 서로 치고받았다. 인터넷에서의 말싸움은 끝이 없고 날이 갈수록 말도 더욱더 거칠어져 갔다. 상대의 의견을 인정하려 하지 않고 오로지 자기 생각만이 옳다고 주장하는 것이었다. 고등학교 동창 친구들까지도 서로 의견이 팽팽하게 맞서 친했던 사이들이 소원해졌던 일종의 해프닝 같은 설화舌禍에 휘둘렸다.

사람의 생각은 얼굴 모습만큼이나 각기 다르다. 한 가지 사건을 두고도 서로 다른 관점에서 바라보며 상대의 의견을 인정하려 들지 않는다. 여기에서 다툼과 오해가 생기고 더욱 발전하면 적개심까지 일어날는지도 모른다. 사소한 사건으로 그 유명한 트로이 전쟁이 발발

했고 단순한 이념 갈등으로 동족상잔의 피비린내 나는 한국전쟁도 발생했다는 생각에 등골이 오싹해졌다.

유무상생有無相生이라는 말이 있다. 노자의 《도덕경》 제2장에 나오는 말로 세상 만물의 이치는 상대적인 관점에서 볼 것을 가르치는 말이다. 즉 아름답다는 생각에서 추함이란 관념이 나오고, 선을 좋다고 생각하는 데서 악의 개념이 생긴다는 말이다. '있다有'는 개념에서 '없다無'는 생각이 나오듯이 내 생각이 옳다는 생각에서 상대편의 관점이 그르다는 생각이 나오게 된다. 그래서 내 생각만 옳고 네 생각이 그르다는 주장은 잘못되었다는 말일 것이다. 어렵고 쉬운 것은 서로 보완해 주고, 높고 낮음은 서로 의논하며, 음과 소리는 서로 조화를 이루고, 앞과 뒤는 서로를 따르는 세상이 평화로운 세상이 되지 않겠는가. 세상일을 대립의 개념이 아니라 조화의 개념으로 가야 한다는 말일 것이다.

세밑 가지에서 지난 한 해를 돌아보며 새로운 마음가짐으로 새해를 맞이하려 한다. 세상사 모든 이치 유무상생有無相生임을 되뇌어 본다.

삼촌금연三寸金蓮

신안 압해도 송공산 양지 자락에는 아담한 분재공원이 조성되어 있다. 애기동백 숲 사이에 자리하고 있는 이 분재공원은 분재들이 상시 전시되어 '천사의 섬'을 방문하는 관광객들이 자주 찾는 명소가 되었다. 주목, 소나무, 향나무, 단풍나무, 소사나무, 노간주나무 그리고 느티나무 등 작고 앙증맞은 분재에서 크고 우람한 분재에 이르기까지 수종과 크기와 모양도 가지각색이다.

이곳에는 수령 2,000년이 넘는 주목 분재가 있다. 이 분재 앞에서는 사람들은 분재의 수령樹齡과 수형樹形에 감탄을 금치 못한다. 기껏해야 교자상 크기의 작은 분 위에서 2,000년이란 긴긴 세월을 온몸으로 견디며 말없이 앉아있는 주목이 공룡 뼈처럼 앙상하게 드러난 하얀 목질부 사이로 용틀임하는 짙푸른 나뭇가지들을 낙락장송 가지처럼 뻗어내려 만고풍상을 견디어 살아온 신령한 노고수老古樹의 자태를 갖추고 있다. 어느 방향에서 보아도 수격에 입을 담을 수가 없다. 그러나 이 나무가 분에 올라앉아 얼마나 많은 고통과 시련을 감내해야만 했을까라는 생각에 불현듯 측은지심이 인다.

굵은 뿌리와 가지는 톱날에 싹둑 잘려나가고, 잔가지는 철사에 둘둘 말아 꼬여 이리저리 휘감겨 있다. 나무껍질은 생명을 유지할 최소한의 체관부만 남긴 채 할퀴고 벗겨져 칼과 끌로 깎여 반질반질하게 사포질 당한 후, 하얗게 표백되어 앙상한 형해形骸의 모습으로 다시 태어났을 것이다. 마취 주사 한 방도 맞지 못하고 마구잡이로 외과수술을 당하느라 얼마나 쓰라린 고통을 당했을지. 외마디 비명조차 지르지 못하고 속으로만 아픔을 삭였어야 했을 나무 생각에 분재의 아름다운 수격을 찬양할 용기가 나지 않는다. 그저 가슴 한구석이 아플 뿐이다. 이 나무가 태백산이나 덕유산 정상에 자리를 잡았더라면 아마도 지금쯤은 당당하고 우람한 모습으로 발아래 수많은 시하侍下를 거느리고 떵떵거리며 살고 있지 않을까. 아니면 살아 천년, 죽어 천년의 신비의 삶을 살고 있을지도 모른다. 여러 가지 상념들이 스쳐 지나간다.

분에 앉아 있는 나무는 거세되어 남성성을 잃어버린 내시처럼 본래 타고난 야성과 자생력을 상실하고 만다. 하루에도 한두 번은 수분을 공급받아야 하고 부족한 영양분도 때때로 주어져야 한다. 때로는 링거주사도 맞아야 생존에 필요한 면역력을 유지할 수 있으니 어찌 독립된 생명체로서 체면이 서는 일이겠는가. 추위나 더위에도 약해 추울 때는 온실 신세를 져야 하고 뜨거울 때는 차광막 그늘의 도움을 받으며 살아가고 있으니 자존심을 모두 버리고 살아가는 처지다.

삼촌금연三寸金蓮이란 말이 있다. 작은 발이 금처럼 귀하고 연꽃처럼 아름답다는 말이다. 과거 중국에서는 북송 시대인 10세기부터 청나라 시대인 20세기 초까지 전족纏足이라는 풍습이 있었다. 서너 살 정도의 여자아이에게 엄지발가락을 제외한 네 발가락을 발바닥 쪽으로 접어 헝겊으로 단단히 접은 다음 작은 신발에 신겨 발이 더이상 자라지 못하게 하는 풍습이었다. 중국 남성들은 여인들을 집안에 가두어 놓고 성 노리개로 삼고자 여자의 발 크기가 삼촌三寸 이상 자라지 못하게 했다는 것이다. 전족을 한 여인은 발이 너무 작아 뛰는 것이 불가능했을 뿐만 아니라 일반적인 보행도 발끝으로 까치걸음을 해 궁둥이를 뒤로 빼고 좌우를 흔들어야 겨우 걸을 수 있었다. 이렇게 좌우로 흔드는 궁둥이를 보며 중국 남성들은 성적 자극을 받았던 모양이다.

남성의 성적 노리개가 된 전족을 한 중국 여인이나 사람의 눈을 즐겁게 하려 나무를 왜소화해 담은 분재나 근본적으로 무엇이 다른 바가 있는가. 이처럼 자연의 이치를 거스르는 일들이 우리 사회 곳곳에 아직도 많이 남아있다. 사바나 정글에서 살아야 할 동물을 가두어 놓은 동물원, 넓은 바다에서 마음껏 헤엄쳐야 할 물고기들을 사람들의 눈요깃감으로 가두어 놓은 수족관, 히잡으로 얼굴을 가리고 온몸을 천으로 감싸야만 하는 이슬람 여인들, 가족의 생계 유지와 종족 보존을 위해 일처다부제를 택할 수밖에 없는 유목 사회 일부 부족들, 획일화된 교육제도에 판에 박힌 교육을 받아야만 하는 오늘날 우리 아이들, 거미줄처럼 얽혀있는 수많은 법망에 자신도 모르게 걸려들어 허둥대며 살아가고 있는 현대인들, 이 모든 제도나 관습들도 자연의 섭리와는 달리 자유를 빼앗은 전족이나 분재와도 크게 다른 바가 없지 싶다.

어항 속의 물고기가 행복한들 바닷속의 고래보다 더 자유로울 것이며, 분 위에 앉아있는 나무가 아무리 안락한들 심산유곡의 나무보다 더 행복할 것인가. 새장에 갇혀있는 앵무새보다는 공중을 나는 새가 더 자유로울 것이며, 온실에서 피어난 장미보다는 가시밭의 백합화가 더 향기로울 것이다.

분재 위에 앉아있는 저 나무들도 제주 고향 바다로 되돌아간 남방

큰돌고래 삼팔이, 춘삼이, 복순이 그리고 제돌이처럼, 언제나 제 고향으로 돌아갈 수 있을까. 분재들이 일제히 하늘을 향해 '자유를 달라. 이젠 나도 〈인형의 집〉의 노라가 아니다. 전족한 중국 여인도 아니다.'라며 함께 부르짖는 듯한 함성이 귓바퀴를 맴돌며 떠날 줄 모른다.

만 나이에 대하여

설날에는 떡국을 먹는 것이 우리의 고유한 풍습이다. 천지 만물이 새로 시작되는 설날에 엄숙하고 청결해야 한다는 원시 종교적 신앙에 따라 깨끗한 흰떡으로 끓인 떡국을 옛사람들이 먹었던 풍습에서 기인한 것일 게다. 옛 선조들은 이런 떡국을 첨세병添歲餠이라 했다. 설날에 떡국을 먹으면 나이를 한 살 더 먹는다는 뜻에서다. 그러나 올해는 떡국을 먹어도 나이를 한 살 더 먹기는 틀린 것 같다. 정부가 만 나이로 나이를 통일한다고 하니 나이가 한 살 정지되는 셈이다.

우리나라 사람들은 나이에 민감한 편이다. 삼강오륜을 중시하던 유교 사상에 젖어 장유유서長幼有序를 질서의 기준으로 여기며 살아온 사회이다 보니 나이에 관심이 많을 수밖에 없었을 것이다. 돌이켜 보니 나도 어려서는 어찌나 세월이 더디 가던지 답답했었다. 모든 일이 어른 우선이었고, 아이들은 어른들의 명에 따르는 숙명적인 존재라서 한 살이라도 더 빨리 나이를 먹어 어른이 되고 싶은 마음이 꿀떡 같았다. 어른뿐만 아니라 나이 한두 살 위 형들에게도 일종의 보이지 않는 질서가 자리 잡고 있어서 나이 어린 사람들은 언제나 뒷전이었다.

그러나 황혼녘에 접어든 지금은 세월을 바라보는 시각이 많이 달라졌다. 시간이 어찌 빨리 가는지 아침에 일어나면 어느새 저녁이고, 정월이다 싶으면 어느새 섣달그믐이 코앞에 다가온다. '세월이 쏜살같다.'라는 말이 요즘 들어 더욱 실감난다. 어느 것 하나 똑바르게 이루지 못하고 세월만 축내는 것 같아 아쉬움이 커서 그럴는지도 모른다. 그러나 세월이 덧없이 빨리 가는 것을 실감하고 있는 노경老境에 만 나이로 나이를 통일한다는 소식을 접했지만, 기분이 썩 좋다기보다는 마음 한구석에 '이건 아니지.' 하는 생각이 퍼뜩 드는 것이다.

세는 나이와 만 나이는 다른 점이 있다. 세는 나이는 태어나는 순간 한 살을 먹지만, 만 나이는 태어나서 다음 해 생일이 되어야 한 살이 된다. 다시 말하자면 세는 나이 계산법은 어머니 뱃속에서 열 달 동안 자라는 태아를 독립된 인격체로 인정하는 반면, 만 나이 셈법은 뱃속에서 태아의 삶을 독립된 인격체로 인정하지 않는 것이다.

여기에 세는 나이와 만 나이 사이에 태아 생명에 대한 가치관의 차이점이 현현顯現하게 드러나고 있다. 이런 관점에서 세는 나이를 나이 계산법으로 살아온 우리나라 사람들은 태아를 독립된 인격체로 여겨왔음이 분명해 보인다.

어머니의 자궁 속에서 난자와 정자가 수정하고 태아가 잉태되어 세상에 태어나는 순간까지의 과정은 인간의 의지나 힘으로는 넘볼 수 없는 창조주의 신비로운 영역이 아닐까 싶다. 수억대 일의 경쟁을 뚫고 수정에 성공한 정자와 난자는 그 순간부터 분열에 분열을 거듭하며 마치 설계도에 의해 지어지는 건축물처럼 창조주의 의지에 따라 세상에 하나밖에 없는 제모습을 완성해 가는 것이다. 아무도 넘볼 수 없는 비밀스러운 곳에 자리를 잡은 태아는 오직 신의 세계인 우주 공간과의 소통을 통해 자신의 의식을 일깨워가며, 누구의 간섭도 또는 가르침도 받지 않고 열 달이 지나면 세상에 일성을 외치며 태어난다.

태아 심리학에 따르면 태아는 수정되는 순간부터 의식이 생긴다고 한다. 많은 아이가 뱃속 생활에 대해 기억하고 있으며 그 안에서 마음의 상처를 받기도 한다는 것이다. 따라서 수정되는 순간부터 뱃속 아기를 하나의 인격체로 대우하고 아가와 공존하는 방법을 배우는 것이 태교의 기본원리다. 이렇게 신비스러운 생명과 창조의 공간에서 자율적으로 열 달 동안 성장하는 태아를 독립된 인격체로 인정하지 않는 것이 과연 합리적인 나이 계산법일지 다시 한번 생각해 봐야 할 일이지 싶다.

만 나이를 주장하는 사람들은 편의주의를 우선시하는 경향에서 일 것이다. 세계 다른 나라들이 만 나이를 사용하니 이런 흐름에 따라가자는 의미가 아니겠는가. '우리 것이 좋은 것이여!'라며 외쳐 대던 그런 구호는 언제이고, 이렇게 인간 생명 존엄에 관한, 세는 나이에 대해서는 둔감한 것일까. K-POP, K-FOOD, K-DRAMA, K-MOVIE 등 우리 문화 음식 영화 드라마 등이 세계를 향해 당당히 우리 것으로 뻗어나가는 시대에 나이만 우리 것이 아닌 다른 나라 사람들의 편의에 편승한다는 것이 너무 아이러니하다.

특히 태아의 나이를 인정하지 않는 것은 태아 생명을 경시하는 태도에서 기인한 것이라 할 수 있겠다. 필요에 따라 언제든지 아무 죄의식 없이 낙태도 할 수도 있다는 인식이 팽팽해지는 세상이 도래하지 않을까 심히 염려스럽다.

세는 나이를 지켜오며 태아에게 독립된 인격을 부여하고 있는 우리나라에서도 암암리에 낙태가 성행하고 있는 상황에서 아예 태아 생명에 대한 인식이 없는 만 나이로 나이를 통일한다면 낙태에 대한 인식이 훨씬 느슨해지지 않을까. 지금도 세계 곳곳에서는 수많은 생명이 세상 빛을 보지 못한 채 소리 없이 지워지고 있다. 이런 현실을 개탄하며 불가에서는 낙태로 인한 생명의 불씨가 소리 없이 꺼져가는 어린 영혼을 위해 매년 영가靈駕 천도재薦度齋를 지내고 있으며, 천주교나 기독교 등의 교계에서도 생명을 잉태케 하시는 하나님의 뜻에 반한 죄라며 극구 반대하고 있다. 우주만큼이나 귀한 생명을 함부로 지우는 끔찍한 일은 없었으면 하는 바람이다.

내 나이 황혼녘에 세월이 빨리 가는 것은 바라지 않는 바지만, 떡국을 먹었으니 그래도 나이 한 살을 더 먹는 것이 바람직하지 않을까. 세는 나이로 나이를 먹고 싶다. 태아 생명의 고귀한 가치를 인정하고 있는 세는 나이를 나 홀로라도 지켜가고 싶다.

위리안치圍籬安置

세밑, 섣달그믐날이다. 이삼일 전부터 목이 칼칼하고 기침도 심해져 감기에 걸린 것 같아서 겁이 덜컥 났다. 며칠 전 모임에서 지인 몇 사람을 만난 것이 혹시 코로나에 걸린 것은 아닐까 하는 불길한 생각이 들어서다. 나의 기침 소리에 벌써 아내도 초긴장 상태다. 나를 보며 흘기는 눈빛에서 밖에서 사람을 만나 코로나에 걸렸을지도 모른다는 아내의 확신이 역력히 읽힌다.

그렇지 않아도 자녀들에게 코로나 팬데믹으로 올 설도 각자의 집에서 쇠라고 당부하고 설빔이나 음식도 아무런 준비를 안 하고 있는데, 대구에 사는 셋째딸네와 서울 아들네가 집으로 오고 있다는 연락이 왔다. 난감했다. 이리저리 궁리한 끝에 난 스스로 내 방에 갇히기로 마음먹었다. 단순한 감기 증세에 무슨 호들갑이냐고 하겠지만 하루에도 2만여 명 이상의 오미클론 확진자가 발생하는 위중한 상황이라 겁부터 나는 것은 당연지사다. 더구나 아내와 나는 중병을 앓았던 병력이 있어 면역력이 저하된 기저 질환자이기 때문에 더더욱 그런 마음이 들 수밖에 없다.

아이들이 집에 도착하여 집안이 벅적거리는 소리가 들렸지만 나는 거실로 금방 나갈 수가 없었다. 벌써 아내가 아빠가 감기에 걸렸으니 조심들 하라고 귀띔한 모양이다. 모두가 실내에서도 마스크를 단단히 하고 내가 방문을 열자 걱정하는 눈빛으로 날 바라본다. 나도 마스크를 한 채로 방문을 살짝 열고 "왔느냐."라는 간단한 말과 눈인사만을 주고받고서 다시 방문을 닫고 말았다. 아무런 속도 모르는 갓 돌 지난 손자 녀석만 환하게 웃으며 나를 향해 쏜살같이 기어오는 것이 아닌가. 평상시 같으면 덥석 안아 뽀뽀라도 해 주었을 텐데 그럴 수도 없는 노릇. 손주 녀석을 설날 안아보지도 못하고 스스로 방에 날 가두어 버리고 말았다. 이런 할아버지의 마음을 헤아리지도 못한 손자 서진이는 방문을 두드리며 날 찾는 소리가 한참 동안 그치지 않는다. 나의 이런 냉정한 모습이 손자 서진이에게는 얼마나 서운했을까.

갇혀 사는 사람들이 어디 나뿐이랴. 코로나에 걸려 병원에 입원했거나 병실이 부족하여 자가 치료하는 사람들이 부지기수다. 방에 홀로 갇혀있으니 별의별 불길한 생각들이 몰려온다. 코에 호스를 끼고 음압 부스에 실려 가는 사람들, 입원해 있는 노모를 대면도 못 하고 유리창 너머로 간접면회를 하면서 탄식하는 자식들, 죽어서도 부모 얼굴 보지 못하고 염도 못해 떠나보내며 통곡하는 가족들의 모습이 눈앞에 엄습해 오는 것이다. 어서 날이 새면 보건소에 가서 PCR 검사를 받아야겠다는 생각이 볼일이 급해 사타구니를 움켜잡고 안절부절못하는 아이만큼이나 급해졌다.

다음 날 아침 날이 밝자 보건소로 향했다. 이른 아침부터 검사받으려는 사람들이 줄을 구불구불 길게 늘어서 있다. 아침 찬바람에 기침이 계속 나와 입을 단단히 손으로 가려 보지만 앞뒤 사람들의 따가운 눈치가 한겨울 시베리아에서 불어오는 북풍보다도 더 시리다. 한두 시간이 흘렀을까. 겨우 검사 절차를 마치고 두 개의 면봉과 시약이 들어있는 플라스틱 대롱을 하나 받아 검사 부스로 향했다. 방호복으로 무장한 유리창 너머 간호사의 지시에 따라 마스크를 코에서 내려 입만 가린 채 유리창 가까이 다가가자 면봉 하나를 코에 쑥 찔러 넣는다. 면봉이 거의 목구멍까지 도달했는지 눈물이 핑 돈다. "24시간 집에만 계세요. 결과는 문자나 카톡으로 전달됩니다."라는 냉랭한 한마디 멘트로 모든 검사가 끝났다. 집에 돌아와 보니 아이들도 모두 제집으로 돌아가고 집이 텅 비어 있다. 아이들이 혹시라도 코로나에 감염이라도 될까 봐 아내가 모두 돌려보낸 것이라고 했다. 다행이다 싶었지만, 한편으론 왠지 마음 한구석이 횅하여 허전한 마음에 눈물이 핑 돈다.

또다시 감금 생활이다. 최소한 24시간 아니면 더 많은 시간을 혼자 유배되어 살 수 있을지도 모른다는 생각에 정신이 아찔하다. 밥도 내 방에서 혼자 먹고, 세면도 안방 화장실에서 따로 하고, 세면도구며 물컵 등 주방 기구뿐만 아니라 타월까지도 별도로 사용해야만 한다. 아내는 내가 사용하는 식기류를 매 끼니마다 끓는 물로 소독하는 일도 마다하지 않는다.

위리안치圍籬安置란 말이 있다. 조선시대 국가에 큰 죄를 지은 사람을 가시가 앙상한 탱자나무 울타리가 둘러쳐진 집안에 가두는 일종의 유배형이었다. 먹는 것과 입는 것까지도 꼭 잠긴 사립문 틈으로만 밖으로부터 공급을 받아 살아가는 고립무원의 중벌이었다. 지금 내가 위리안치형을 받는 신세나 다를 바가 없지 않은가. 이러한 형벌을 받으려면 반역죄 같은 큰 죄를 지었어야 할 터인데 그 이유를 찾을 수 없으니 억울함을 어디에 호소해야 할지….

지금까지 알려진 바로는 코로나 팬데믹은 중국 후베이성에 사는 어떤 사람이 멸종위기종인 천갑산 비늘이 정력에 좋다는 말에 혹하여 그 비늘을 뽑다가 천갑산 체액에 들어있는 코로나바이러스에 감염된 채로 우한 시장에 나타나 몇몇 사람들에게 바이러스를 옮겼고, 그 사람들이 우한지역 전체에 전파하였으며 일부는 중국의 다른 지역, 또 따른 일부는 비행기를 타고 전 세계로 확산시킨 것이라고 말하고 있다. 그렇다면 지금의 코로나 팬데믹 현상은 자연을 무분별 파괴하고 다른 생물과 공존하는 삶의 가치를 무시한 인간의 행위에 대해 코로나라 바이러스가 역공격을 취하고 있는 형국이 아닌가. 이것은 인간 스스로가 자초한 결과나 다름없는 것이 아닌가.

그러나 다행히도 생태학자들은 바이러스는 인간과 공진(co-revolution)한다고 주장하고 있다. 즉 바이러스 같은 병원체는 본디 혼자선 살 수 없는 기생물이라서 병원체는 독성을 낮추는 방향으로 진화한다는 주장이다. 다시 말하면 숙주를 일찍 죽게 만들면 자기가 사는 집을 불태우는 셈이라는 논리다. 따라서 지금 극성을 부리는 코로나도 전염률은 높아지겠지만, 치사율이 낮아지는 방향으로 진화함으로써 마치 감기와 같은 질병으로 발전할 것이라는 다소 희망적인 견해를 밝히고 있다. 이 논리에 바짝 긴장하여 불안했던 마음이 다소 진정되었다.

다음 날 아침 '은평알림톡'에서 카톡이 왔다. 조마조마하며 떨리는 손으로 카톡을 열었다. 음성이었다. 서둘러 결과를 확인하고 즉시 큰 소리로 아내를 불렀다. 아내도 긴장한 표정으로 뛰어온다. 검사 결과가 '음성'임을 확인하고 "휴~~ 십 년 감수했네."라며 안도의 한숨을 내쉰다. 자식들과 공유하는 단톡방에도 급히 검사 결과를 알렸다. 기다리기나 했다는 듯이 즉시 카톡! 카톡! 소리가 연신 울린다. "아빠! 다행이에요. 축하해요"라는 문자와 함께 예쁜 모양의 이모티콘들이 연달아 세배를 올린다. 이제야 사흘 동안의 악몽 같은 위리안치형에서 풀려나게 되었다.

제5부 / 터키석 목걸이

등목 · 이팝꽃이 필 때면
질풍노도疾風怒濤
나도 왕이로소이다
무인도 · 터키석 목걸이
다순구미 째보선창 · 조금새끼

등목

펄펄 끓는 더위가 식을 줄도 모르고 더욱 기승을 부리는 말복이다. 무기력한 자세로 거실 소파에 기대어 앉아있는데 "카톡" 소리와 함께 모임 단톡방으로 사진 한 장이 날아왔다. 부엌 앞마당에서 웃통을 벗은 노부부가 정겹게 등목을 하는 사진이다. 할아버지는 꼼마리를 둘둘 말아 허리춤까지 내리고 두 팔과 다리를 땅에 짚고 고개를 치켜든 채로 엎드려 있고, 할머니는 할아버지 등에 바가지로 물을 퍼부으며 한 손으로 등을 쓱쓱 문지르고 있는 모습이다. 사진을 보니 문득 먼 옛날 등목 생각에 더위가 저만치 달아난다.

고등학교 1학년 여름방학이었다. 광주로 고등학교를 진학한 중학교 시절의 단짝 친구 집을 물어물어 해남 화산까지 찾아 나섰다. 목포 하구언 둑을 막기 전이라 목포 선창에서 여객선을 타고 해남 상공항을 경유해, 다시 버스를 타고 한참을 가는 한적한 시골 마을이었다. 황토 먼지가 풀풀 날리는 비포장도로를 시골버스는 덜커덩거리며 달려가다가 동네 앞을 지날 때마다 멈춰 서서 손님을 싣곤 했다. 하필 가는 날이 장날이라 손님도 어찌나 많던지 버스 안이 콩나물시루 같았다. 아침 일찍 출발했지만, 어느덧 해가 정수리 위까지 올라와 버스 안은 잉걸불을 담아놓은 화로만큼이나 뜨거웠다. 냉방 시설이 없던 시절이라 그야말로 찜통이었다.

친구가 사는 동네에 도착했을 때는 태양이 작열하는, 뜨거운 한낮이었다. 식구들이 막 점심을 마치고 툇마루에 앉아 쉬는 중이지 싶다. 사립문에 들어서는 순간 온 식구들이 나를 보더니 반가이 맞아주었다. 어머니께서는 "이 뙤약볕에 어떻게 왔느냐. 더운데 어서 등목부터 하거라." 하셨다. 너무 더워 거절할 겨를도 없이 염치불구하고 얼떨결에 웃통을 홀랑 벗고 펌프 앞에 두 손과 발을 땅에 딛고 엎드렸다. 친구는 펌프질로 물을 퍼 올리고 친구 여동생이 막 퍼 올린 물을 바가지로 퍼서 등에 부어주었다. 등목하기도 전부터 오금이 오싹 저려 왔다. 물이 등에 퍼부어지는 순간 "아~~~~!" 숨막히는 소리가 절로 터져 나왔다. 찬물이 등골을 타고 목으로 흘러내리는 순간 온몸에 짜릿한 전율이 번개처럼 퍼져가는 것이다. 이 시원함이라니. 어느 곳에서도 느껴볼 수 없는 청량감이렷다. 물을 등에 퍼부을 때마다 "어푸어푸" 연거푸 소리를 하며 입으로 들어오는 물을 내뿜었다. 아니 몸속에서 펄펄 끓고 있는 열기를 토해내는 소리였을지도 모른다. 처음 찾아간 친구 집에서 부끄럼도 모르고 웃통을 벗어 내던지고 그것도 친구 여동생 앞에 엎드려 등목했다니 지금 생각해보니 얼굴이 절로 불콰해진다.

오랜만에 친구에게 전화를 걸었다. 이 더위에 어떻게 지내냐는 안부 전화 겸 그날 나에게 등목을 해주었던 여동생이 누구였냐고 물어보았다. 바로 손아래 여동생 양숙이는 광주에서 중학교에 다녀 집에 없었고, 그 아래 동생 진숙이였을 것이라고 했다. 아마 진숙이는 초등학교 고학년쯤이었을 것이다. 그 추억의 등목을 해주었던 아이 이름도 모르고 지금까지 살아오다니. 동생 진숙이도 오빠 친구 등목을 해준 사실을 기억이나 하고 있을까. 까마득한 옛날 시원했던 그 등목이 생각난다.

등목은 샤워시설이 없던 시절, 여름이면 가장 흔하게 했던 목욕 중 한 방법이었다. 동네 우물가든 집안의 펌프 앞이든 아니면 앞뒤 마당 어디서든 간단하게 할 수 있는 간이목욕이었다. 물 한두 바가지 정도면 팔팔 끓던 몸통도 시원하게 식혀줄 수 있었으니 물의 효용성으로 보나, 장소를 구애받지 않고 할 수 있는 편리성으로 보나 등목처럼 가성비가 높은 목욕도 없을 것이다. 그 시절 시골에서 더위를 이겨내는 가장 효율적인 피서 방법이 바로 등목이 아니었나 싶다.

또한, 등목은 정겨운 추억이 서려 있는 피서 방법이기도 하다. 남자들이야 어디서든 웃통을 벗어 던지고 등목을 할 수 있었다지만 여자들은 대낮에 웃통을 벗는다는 것은 상상도 할 수 없는 일이었다. 그러나 예외는 있었다. 우리 할머니였다. 한낮이면 밖에서 놀이하다 땀을 뻘뻘 흘리던 손자들을 차례로 등목을 해주시고는 할머니는 마지막에 웃통을 벗고 엎드려서 나더러 등목해달라고 하셨다. 할머니의 등에 물을 부으며 문지르다가 평상시처럼 할머니의 젖가슴으로 손이 살며시 가기도 했다. 그래도 할머니는 빼그시 웃으시며 "어 시원하다. 어 시원해."를 연거푸 하신다. 그러나 젊은 여자들은 저녁을 먹은 후에 뒤뜰에서 사람들의 눈길을 피해 등목을 했다. 이때가 되면 그곳은 아이들의 출입금지 구역이 된다. 하지 말라면 더욱 하고 싶은 것이 인지상정人之常情이 아니던가. 등목하는 여자들의 모습이 궁금해서 뒷담에 몰래 올라가 훔쳐보다가 "누구야!" 지르는 소리에 깜짝 놀라 도망쳤던 개구쟁이 시절의 추억도 새롭다. 시골 사람은 등목하고서야 하루의 일과가 끝났던 시절이다.

등목은 친밀성과 신뢰감이 우선하지 않고서는 할 수 없는 일이다. 상반신을 홀랑 벗고 몸을 맡기는 용기와 엎드려 있는 몸에 물을 끼얹으며 손으로 문질러주는 아량도 필요하다. 그래서 등목은 아주 가까운 사람끼리 하는 목욕방법이다. 서로 믿고 사랑하는 마음이 없으면 불가능한 어쩌면 인간관계에서 진정으로 격隔이 없는 사이라야 가능한 것이라고 할 수 있을 것이다.

요즘처럼 팔팔 끓고 있는 염천에 서로 헐뜯고 싸우고 있는 정치인들을 보면 안쓰럽기 그지없다. 누구를 위해 저리 험한 소리를 하며 고성을 내지르는지. 국민의 눈으로 봐도 누가 잘하고 누가 못하는지 뻔히 알 수 있는 일도 서로 틀렸다고 정쟁만을 일삼고 있으니 보는 국민의 가슴은 더 터질 지경이다. 이런 답답한 정치 대신 양당 대표끼리 우선 서로 등목부터 해주는 것은 어떨까. 등목을 해주면서 서로 신뢰감과 포용심 그리고 아량을 길러가는 것이 정치보다 더 우선일 것 같아서다. 이렇게 하다 보면 혹시 우리나라 정치도 등목처럼 시원하게 풀릴 수도 있을지 누가 알겠는가.

무더운 말복 날 시원한 등목이라도 한번 해보고 싶다. 그 옛날 학창시절 친구 여동생이 해주었던 등목이 다시 생각나는 날이다.

이팝꽃이 필 때면

이팝꽃이 피었다. 동네 아파트 담장 너머에 환하게 피어난 이팝꽃이 마치 고슬고슬하게 잘 익은 쌀밥 같아서 구수한 쌀밥 냄새가 풀풀 나는 것만 같다.

어려서 쌀밥은 특별한 날에만 먹을 수 있었다. 어쩌다 귀한 손님이 온다거나 명절 때가 되어야 일 년에 한두 번 먹을 수 있었으니 하얀 쌀밥은 특별할 수밖에 없었다. 그래서 손님이 오는 날이나 명절날이 손꼽아 기다려지기도 했었다.

평상시 어머니께서는 밥을 지을 때 가마솥 아래에 잡곡, 한 줌 정도의 쌀은 맨 위에 안치고 군불을 지폈다. 그렇게 지은 밥을 할머니와 아버지 밥그릇에는 쌀밥과 잡곡밥을 반쯤 섞어 담아주시고 우리들의 밥그릇은 언제나 노란 조밥이나 꽁보리밥만을 담아 밥상 위에 올려주었다. 쌀밥이 섞여 담긴 아버지 밥그릇이 어찌나 맛있게 보이던지 그 밥그릇을 가자미 눈처럼 힐끗힐끗 곁눈질하며 눈을 뗄 수가 없었다.

아버지는 큰 여자 궁둥이 한쪽만 한 산속 올챙이논 세 배미와 비탈밭 오백여 평을 타고 분가하셨다. 당신의 어머니와 막내 여동생 그리고 어린 딸과 아내까지 모두 다섯 식구를 데리고 이렇게 적은 토지를 받아 제금살이를 났으니 식솔들을 먹여 살리기 위한 아버지의 삶의 무게가 오죽이나 버거웠을까. 아버지는 남들보다 더 열심히 밤낮으로 일해야만 했다. 남의 집 삯일뿐만 아니라 멀리 임자도에 가서 배 목수 일을 해야 했고, 만주 땅에 벌목공으로, 또 식민지 시대에는 망운 비행장 건설 현장에 가서 막노동으로 돈을 벌기도 했다. 이렇게 열심히 살아온 덕분에 해마다 전답을 사들여 살림이 점점 펴지는가 싶었다. 그러나 살림을 늘려가는데 재미를 붙여 매년 소출된 농작물을 판 돈으로 또 다른 논밭을 사는 바람에 우리는 쌀밥 한번 제대로 먹어보지 못하고 조밥이나 꽁보리밥으로 끼니를 때우며 살았다. 이것은 어디까지나 집안을 일으키겠다는 아버지의 굳은 신념이었으니 그 뜻을 따를 수밖에.

농토가 비좁아 식량 사정이 나빴던 섬지방에서는 간척사업이 한때

유행이었다. 이 무렵 우리 마을에서도 간척사업이 시작되었다. 마을 앞 갯벌 한가운데 있는 청섬과 일정섬을 연결하고 또 청섬에서 진변쪽 공동묘지 아래까지 막는 대단위 간척사업이었다. 이 사업을 앞장서서 추진했던 분은 집안 당숙뻘 되는 분이다. 그분께서 마을 사람들을 모아놓고 간척사업을 해야 하는 당위성과 사업계획을 설명하자 온 마을 사람들의 가슴은 희망에 차 부풀어 올랐다. 조합을 구성하여 간척사업을 하겠다며 공사가 끝나면 조합원들에게 땅을 공평하게 분배해주겠다는 약속에 환호성을 지르며 박수를 보냈다. '공동생산 공동분배'를 외치며 사회혁명을 부르짖는 선동가처럼 그분은 농토가 부족해 쌀밥 한번 제대로 먹어보지 못한 가난한 마을 사람들에게는 구세주로 보였을지도 모른다. 아버지도 이 말에 혹하여 주저하지 않고 조합에 가입했다. 최종적으로 열일곱 명이 조합을 이루어 간척사업단이 발족되었다. 조합원에게 분담금은 물론 노동력 제공은 당연히 뒤따르는 것. 아버지께서는 그해 농사지어 거둔 볏섬과 밭 농작물을 팔아 몽땅 간척사업에 털어넣었고 식구들을 동원하여 간척사업에 적극적으로 나섰다. 그해에도 쌀밥은 그림의 떡이었다.

간척사업이 시작되던 해, 나는 초등학교 졸업 후 가정 형편상 중학교에 진학하지 못하고 간척공사장으로 아버지를 따라나섰다. 일손이 부족하면 "바쁠 때는 부지깽이도 거든다."라는 말이 있듯이 간척공사장에서는 어린아이들과 부녀자들의 작은 손까지도 필요했다. 산에서 석공들이 정으로 돌을 깨는 소리, 돌을 져 나르는 사람들의 거친 숨소리, 돌을 다듬어 석축을 쌓는 기술자들의 망치질 소리, 둑을 다지는 망깨 소리, 이산 저산에서 '쾅~ 쾅~' 다이너마이트 터지는 소리와 "에~헤라 장부질이야 에~헤라 장부질이야."라며 끝도 없이 반복되는 장부꾼들의 흥겨운 소리가 함께 어우러진 간척지는 활기 넘치고 희망이 넘실대는 일터 같았다. 나도 덩달아 신이 나서 힘드는 줄도 모르고 자갈을 골망태에 주워 담아 지게로 열심히 져 날랐다. 날마다 갯벌을 가로질러 둑이 점점 쌓여가는 것을 바라보며 '머지않아 저 뻘등이 누렇게 벼가 익어 황금 물결로 넘실대겠지.'라는 생각에 힘이 절로 나기도 했다.

간척사업이 순조롭게 진행되는 듯했으나 백중사리 고비를 넘지 못했다. 거의 다 완성되어 가던 둑이 백중사리의 위력에 무너지고 말았으니 조합원들의 실망이 이만저만이 아니었다. 그래도 굴하지 않고 무너진 둑을 다시 막기를 반복하며 두 해가 지났을까. 나는 둑이 완성되는 것을 보지 못하고 목포로 중학교에 가게 되어 간척사업장을 떠났다.

몇 해 후 간척사업은 끝났지만, 토지 분양은 약속대로 이루어지지 않고 야금야금 노른자위 간척지는 비조합원들에게 팔려나가고 마침내는 나머지 간척지마저 간척사업을 추진했던 자신의 자식들에게 모두 넘겨주고 말았다.

쌀밥 한번 제대로 먹어보고 싶어서 안간힘을 써가며 간척한 땅을 한 평도 분배받지 못하고 저세상으로 가신 조합원 어르신들의 심정이 어찌했을까. 철석같은 약속을 내팽개치고 자신의 자식들에게만 큰 쌀밥그릇을 안겨주고 저승으로 떠나간 그분의 마음 또한 어떠했을까. 양심이 살아있다면 저승에서라도 조합원 어르신들을 만나 "형님들, 약속을 지키지 못해서 미안합니다. 내가 죽을죄를 지었습니다."라며 진심으로 용서를 빌었으면 하는 마음이다.

그놈의 쌀밥이 무엇이었길래 그리도 쌀밥을 향한 열망이 뜨거웠을까. 쌀밥이 부자와 가난한 자, 높은 자와 낮은 자, 배운 자와 못 배운 자를 구별하는 척도라도 된다고 믿었던 것이었을까. 아니면 생명줄이라고 여긴 것은 아니었을까. 지금은 쌀밥보다야 조밥이나 꽁보리밥이 더 인기 있는 건강 밥상인 것을……. 이팝꽃이 필 때면 간척지에서 하얀 쌀밥을 꿈꾸며 희망에 부풀어 힘든 일도 마다하지 않았던 그 어린 시절이 어제 일처럼 생생하게 떠오른다.

질풍노도疾風怒濤

그날도 북서풍이 세차게 불고 있었다. 끝없이 밀려오는 집채만 한 파도가 갯바위에 부딪히며 산산이 부서져 하얀 물보라를 일으켰다. '처......ㄹ썩, 처........ㄹ썩, 척 쏴......아' 부서지는 파도는 한참을 밀려갔다가 또다시 갯바위를 향해 땅벌 쏘인 뿌사리처럼 밀려들었다. 바다는 격정에 겨워 울부짖고 있었다. 바다도 저렇게 화날 수가 있구나 싶었다. 아들과 나는 하트 해변 '하느 넘' 바람의지 언덕배기에 나란히 앉아 성난 바다를 말없이 바라보았다.

아들은 중학교 2학년이었다. 요즘 가장 무서운 세대가 중2라고 하지 않던가. 그때도 그랬다. 아들은 내가 집에 없는 동안 춤에 빠졌다. 한참 유행하던 브레이크 댄스 비보이 춤이었다. 주말에 집에 가면 아들은 보이지 않았다. 한밤중이 되어도 집에 들어올 줄 모르는 아들을 찾아 나서면 아들은 아무도 없는 평화광장 한복판에서 헤드셋을 쓰고 머리를 땅에 댄 채 팽이처럼 빙글빙글 돌고 있었다. 아버지가 찾아온 줄도 모른 아들은 한참 후에야 인기척에 춤을 멈추고 비틀거리며 일어섰다. 이마에는 땀이 줄줄 흐르고 옷은 흠뻑 젖어있었다.

자신이 좋아하는 것에 빠져있으니 당연히 학업성적은 최하위. 겨울방학이 되자 나는 아들을 데리고 깊은 섬 비금도에 들어왔다. 아들의 학업성적을 올리기 위해 기본 학습부터 직접 가르쳐 볼 요량이었다. 방학이라고 해도 학교 방침에 따라 특별수업을 진행해야 해서 아들을 데리고 섬으로 들어올 수밖에 다른 도리가 없었다. 아들도 나의 간곡한 부탁에 동의했지만 아마 강요에 의한 억지 춘향이 노릇을 한 것이었을 게다. 혹시 단단히 마음먹고 공부를 해야겠다고 결심을 한 것일지도 모른다. 그러나 미달한 기초 학력을 그렇게 쉽게 따라잡을 수 있는 것은 아니다. 이미 뒤떨어진 기초 학력을 짧은 시간에 따라잡으라고 채근하는 것은 뱁새에게 황새걸음을 쫓아가라고 닦달하는 것과 진배없는 짓이다. 그래도 부모 마음인들 어찌 가만히 두고 보고만 있을 수 있는 일인가. 승진한답시고 깊은 섬에 들어가 아들을 돌보지 못한 죄책감 때문에 할 수 있는 일은 다 해보고 싶은 것이 부모의 마음이 아니겠는가.

넘실대며 밀려오는 바다를 바라보며 그때 아들에게 무슨 말을 했는지 특별히 기억이 나지 않는다. 아마 '지금도 늦지 않았으니 열심히 하면 따라갈 수 있을 거야.' 정도의 말이었을 것이다. 그렇다고 이런 말이 아들 귀에 들렸을 리는 만무하다. 나와 아들은 서로 다른 생각을 하며 성난 바다를 바라보고 있었을지도 모른다. 나는 부모 편에서 생각했을 것이고 아들은 자신의 처지에서 판단했을 테니 서로 역지사지易地思之의 순리를 깨닫지 못했을 것이다.

처.........ㄹ썩, 처........ㄹ썩, 척 쏴......아.
저 세상 저 사람 모두 미우나,
그중에서 똑 하나 사랑하는 일이 있으니,
膽(담) 크고 純精(순정)한 소년배들이,
재롱처럼 귀엽게 나의 품에 와서 안김이로다.
오나라 소년배 입 맞춰 주마.
처.......ㄹ썩, 처........ㄹ썩, 척, 튜르릉, 꽉.

– 최남선, 〈해에게서 소년에게〉 중에서

세차게 밀려와서 갯바위에 부서지는 파도 소리가 아들에게는 마치 최남선 선생님의 〈해에게서 소년에게〉라는 시의 한 구절처럼 들렸을

지도 모른다. 진짜 하고 싶은 활동을 아버지의 완강한 반대로 하지 못하고 억지로 섬에 끌려 들어와 감옥살이 같은 생활을 하고 있으니 오죽이나 아들은 속이 답답했을까. 아버지와는 달리 바다는 넓은 가슴으로 담 크고 순정한 자신을 품어 안아 입 맞추며 위로해 주고 있다고 생각했을 수도 있었으리라.

방학이 끝나고 집으로 돌아온 아들은 나의 간청에 못 이겨 춤을 멈추고 입시학원에 등록했다. 그것도 스파르타 주입식 학원이었다. 아들은 있는 힘을 다해 밤늦게까지 공부를 하고 집에 돌아왔다. 하지 않던 공부를 하려 온종일 칸막이 책상머리에 앉아 안간힘을 쓰는 아들이야 오죽이나 힘들었까. 아마 온몸의 관절 마디마디가 춤을 추고 싶어 근질거렸을지도 모른다. 그러나 나는 더는 기쁠 수가 없었다. 내가 없어도 아들의 학업을 책임지고 지도해 줄 수 있는 곳이 생겼다는 것만으로도 든든한 느낌이 들어 안심이었다. 그 결과 중 3 학년 1학기 중간고사부터 성적이 쑥쑥 오르기 시작하더니 학년 말에는 전교 상위권에 진입해 저학년 때의 성적으로는 꿈도 꿀 수 없었던 인문계 고등학교도 골라 갈 수 있었다. 인문계고등학교에 진학해서 아버지가 바라는 좋은 대학에 당당히 합격해 주리라고 기대를 할 수 있는 정도였다.

고등학교에 입학하여 일학년은 열심히 공부하며 성적도 상위권을 유지하는가 싶었다. 그러나 마음속에 용암처럼 꿈틀대다 폭발할 수도 있는 숨어있던 예능 본능이 그의 꿈을 결코 접을 수 없게 했던 모양이다. 누구하고도 상의 한마디 없이 학교 음악 밴드에 가입했다. 보컬 리더로 시내 중·고등학교 행사뿐만 아니라 지역행사에도 초대받아 노래를 부르러 다녔다. 또다시 공부하고는 멀어지고 말았다.

이때부터 아들의 꿈은 오로지 가수였다. 아무리 달래고 얼러도 뜻을 굽히지 않았다. 일반대학 취직하기 좋은 학과는 넉넉히 합격할 수 있으니 노래는 취미로 하고 당장 입시 준비부터 하자고 달래도 아들은 막무가내였다. 나도 더는 설득할 수 없어 부모로서의 욕심을 모두 내려놓고 아들의 뜻을 따르기로 했다. 모든 걸 내려놓으니 마음이 한결 가벼워졌다. 그 후론 아들의 길을 가도록 도울 수밖에 없었다. 음악 활동에 필요한 통기타며 전자 기타까지 사주며 응원했다. 피아노 학원뿐만 아니라 서울에 있는 교수에게 보컬훈련 교습도 보냈다. 이런 부모의 뒷바라지와 자신의 노력 결과로 아들은 원하는 대학 실용음악과에 합격했다. 대학 졸업 후 아들은 한때 그룹활동으로 활발하게 노래를 하다가 지금은 보컬 트레이너로 가수 지망생을 지도하는 선생을 하고 있다.

'사람은 하고 싶은 것을 하며 살아야 하는 것이여.' '하느 님' 바다가 그때 갯바위에 부딪히며 격정에 겨워 부르짖던 진리의 말씀을 왜 일찍 깨닫지 못했을까. 요즘 방송사마다 매년 실시하는 서바이벌 노래경연대회를 보면서 어려서부터 브레이크 댄스를 하며 헤드뱅뱅을 하고, 가수가 되겠다고 고집부리던 아들의 잠재력을 더 빨리 알아봐야 했었다고 때늦은 후회를 해본다. 그래도 질풍노도 같은 청소년기를 슬기롭게 극복한 아들이 새삼 참교육이 무엇인지를 되레 나에게 가르침을 주고 있지 싶다.

지금도 '하느 넘' 바다는 성난 파도를 앞세우고 넘실대며 밀려오고 있을까. 바람 부는 날이면 하트 해변 '하느 넘' 그 바다가 그리워진다.

나도 왕이로소이다

주말 늦은 오후, 버스터미널은 북새통이었다. 막냇동생 아들 결혼식을 마치고 딸아이에게 부탁해 코레일톡을 검색해 보니 상경하는 KTX 열차표가 모두 매진이란다. 하여 택시를 잡아타고 유·스퀘어(U·Sqare)에 도착했다. 젊음의 광장이란 뜻인 유·스퀘어는 광주고속 버스터미널의 이색적인 이름이다.

매표창구에서 가장 빨리 출발하는 버스를 확인해보니 좌석이 거의 매진되고 맨 뒷좌석에 달랑 두 자리가 남아있다. 이것도 웬 떡이냐 싶어 서둘러 승차권을 구매했다. 인터넷에 익숙한 젊은이들이야 언제 어디서든 버스 승차권을 구매할 수 있다지만, 현장에 와야만 일을 처리할 수 있는 노인들에게는 손에 들려있는 스마트폰도 무용지

물이다. 그래서 인터넷 활용에 서툰 노인들의 삶이 더욱더 팍팍해질 수밖에. 오늘 불편한 버스 맨 뒷좌석에 앉아 가는 것도 시대에 적응하려는 노력은 하지 않고 안이하고 나태하게 살아온 나의 생활 태도가 부른 자업자득이 아닌가 싶다.

버스가 출발했다. 맨 뒷좌석에 앉고 보니 마치 높은 가마에 올라탄 듯한 느낌이다. 버스 안이 눈 아래로 훤히 내려다보이고 창밖도 확 트여 시야가 거침이 없다. "화는 복이 기대되는 바이고, 복에는 화가 숨어있다."라는 《도덕경》 말마따나 내가 인터넷에 서툰 것이 오히려 복된 일인지도 모르겠다. 물론 좀 흔들리기는 하나 이 정도의 불편함은 충분히 감내할 수 있어야 하지 않겠는가.

복잡한 시내를 벗어나 버스가 고속도로에 들어서니 진입로부터 막힌다. 도로에 가득한 승용차들은 꼬리에 꼬리를 물었다. 그러나 내가 탄 고속버스는 전용도로를 거침없이 내달린다. 나는 고속도로를 시원하게 달리고, 옆 차선 승용차들은 바짝 엎드려 엉금엉금 기어간다. 유쾌 통쾌하다. 왕이 탄 가마가 행차할 때 길을 가던 백성들은 길섶으로 물러서서 행렬이 지날 때까지 길바닥에 넙죽 엎드려 기다리지 않았던가. "그래, 오늘은 내가 왕이 되어 대취타大吹打를 울리며 행차 한번 시원하게 해보리라." 옆 차선의 승용차들이 마치 길바닥에 엎드린 백성들 같아 보인다. 착각은 자유. 그래 이런 호사를 언제 또 누려 볼 것인가.

고속도로에 버스전용차로가 있다면, 사람 사는 세상에도 보이지 않는 전용도로가 있기 마련이다. 꽉 막힌 고속도로에서 버스전용차로를 타고 거침없이 달려보니, 옛날 잘나가던 친구들이 몹시도 부러웠던 생각이 난다. 그러니까, 대학 1학년 시절 친한 친구가 두 명 있었다. 한 친구는 광주가 집이고 또 다른 친구는 완도가 고향이다. 광주 친구는 학동 주택가 번듯한 고래 등 같은 기와집에서 살았고, 완도 친구도 전셋집을 얻어 자취하며 학교에 다녔으니 그 정도면 이 친구 역시 시골 부잣집 아들임이 틀림없다. 그에 반해 난 집안 형편상 광주에 집을 얻을 여유가 없어 영산포 고모 댁에서 기차통학을 하는 처지였다. 대학 입학 후 한 학기가 지났을 무렵 입영 통지서가 날아왔다. 하는 수 없이 입대 차 휴학했다. 그러나 집안 형편상 입영을 연기하고 1년 동안 고향집에서 농사일을 거들고 나서 입대를 한 후, 33개월 동안 군 생활을 마치고 복학했다. 그사이 두 친구는 방위병으로 6개월 군 복무를 마치고 이미 대학까지 졸업한 후 석사과정을 밟으며 조교가 되어 있었다. 그 친구들에 비해 나는 1학년에 복학하여 다시 시작하는 처지니 앞날이 까마득할 수밖에. 대학을 졸업하고 시골 학교 교사로 발령받았을 때, 두 친구는 대학 강단에서 강의하는 의젓한 교수의 길을 가고 있었다. 지금 돌이켜 보니 두 친구는 고속도로 버스전용차로를 달렸던 것이고, 나는 구불구불한 비포장 도로 후미진 산 비탈길을 덜컹거리며 힘겹게 달려온 것이었다. 하지만 이 친구들도 자신들보다 더 잘나가는 친구들을 보았더라면 나와 똑같은 생각을 하지 않았을까.

판단의 기준은 어디까지나 상대적인 것, 그래서 또 다른 사람들의 눈으로 나를 본다면 나 또한 고속도로 전용차로를 타고 달려온 사람으로 보일 수도 있을 것이다. 정년 퇴임 후 자원봉사자로 마포구 노인학교에서 영어를 가르치던 때였다. 영어 기초반을 지도하는 동안 나와 거의 동년배 친구들이 대부분 수강 신청자였다. 그들은 겨우 초등학교를 졸업했거나 아니면 학력이 그마저도 미달한 사람들이었다. 전후 어렵던 시절, 하고 싶은 공부도 포기하고 삶의 밑바닥에서 들풀처럼 온갖 고초를 견디며 힘겹게 살아왔을 터이다. 그러나 그들은 부끄러워하지 않고 당당하게 알파벳부터 공부하기 시작했다. 그 친구들의 반짝이는 눈빛과 향학열에 불타던 진지한 그때의 모습이 지금도 생각할 때마다 콧등이 시큰해진다. 동시대에 태어났으면서도 다른 세계에서 살아온 그들, 그들의 눈에는 내가 어떻게 보였을까. 고속도로 전용차로를 달렸을 거라며 대학 입학 동기 친구들을 몹시 부러워하며 경원시했던 나 자신이 부끄러워지는 것이다.

버스전용도로를 타고 오는 동안 가끔 불법으로 끼어드는 얌체족들도 있었지만, 버스 기사는 가차 없이 추월하며 예정된 시간 안에 강남 버스터미널에 도착했다. 가마 타고 행차하는 왕처럼, 나도 고속버스 전용차로를 시원하게 달리며 호사 한 번 누려보았다.

버스에서 내렸다. 여행용 트렁크를 끌고 전철 개찰구를 향했다. 왕이 된 기분도 잠시, 조금 후에는 아비규환 전철 속에서 이리저리 눈치를 살피며 앉을 자리를 찾을 것이다. 개찰구 검표기에 '어르신 교통카드'를 댔다. "삐빅~ 삐빅~." 서릿발같이 차가운 전자음이 유난히도 큰 소리로 두 번 울린다. 그래, '지공대사'인 주제에 왕은 무슨 왕. 정신을 바짝 차리고 한참 동안 플랫폼에 서서 전철을 기다리는데, "승객 여러분, 파업으로 인해 열차가 지연되고 있습니다. 죄송합니다. 양해 바랍니다."라는 안내원의 짜증스러운 멘트만 스피커를 통해 반복해서 흘러나왔다.

무인도

무인도. 인적이 끊긴 외롭고 쓸쓸한 섬. 파도가 슬픔처럼 끝없이 밀려오고, 수평선을 넘나드는 태양을 바라보며 찬란한 고독을 삼키는 곳, 밤이면 별을 헤아리다 침묵을 지키고, 불어오는 찬바람에 외로워 흐르는 눈물을 홀로 닦는 곳, 사람들은 무인도를 고독이라 말한다.

초등학교를 졸업하던 날, 중학교에 진학하지 못한다는 이유로 내가 마땅히 받아야 할 우등상을 중학교에 진학하는 다른 친구에게 빼앗기고 말았다. 진학하는 친구들은 도회지로 떠났고 나처럼 진학하지 못한 친구들도 알음알음 일자리를 찾아 고향을 떠났다. 나만 홀로 남아 외톨이가 되어 하루하루가 외로웠다. 그나마 위안이 되는 것은 씨압소 검둥이가 곁에 있어서였다. 소 꼴을 먹이려 소고삐를 끌고 산과 들로 나설 때면 진학의 꿈을 접지 못하고 손에는 항상 핵심요점과 풀이가 되어있던 '전과책'이 들려있었다. 외로움과 싸움은 오로지 진학의 꿈을 놓지 않는 것이었다. 초등학교를 졸업한 지 삼 년이 지나서야 청운의 꿈을 안고 목포에 있는 중학교에 진학하였다. 친구들이 없는 그동안이 무인도처럼 고독하고 외로웠던 나날들이었다. 무인도에서 살았던 로빈슨 크루소도 나처럼 외로움을 느끼고 살았을까.

돌이켜 보면 나의 유년시절이 내 인생에서 값진 삶이었음을 새삼 나이 들어 절절하게 느껴진다. 외로움과 고독 그리고 가난이라는 굴레에서 벗어날 수 있었던 것은 희망을 잃지 않고 꿈을 향했던 나의 유년시절의 의지가 아니었을까 싶다. 무인도란 마음먹기에 따라 외롭거나 고독할 수도 있지만 때로는 삶에 값진 이정표가 되기도 하는 것이리라.

무인도 하면 고향 앞바다 장구섬이 생각난다. 홀로 소 꼴을 먹이며 말동무가 그리울 때면 장구섬은 나의 말벗이 되어 주었다. "넌 왜 홀로인 거야. 너도 나처럼 외로운 거니?" 내가 물어봐도 장구섬은 대답없이 항상 의젓한 모습이었다. 이 섬도 알고 보면 슬픈 섬이다. 어느 해 섣달그믐 무렵 이 섬으로 굴을 따러 갔던 재 너머 마을 사람들이 돌아오는 길에 갑자기 불어닥친 돌풍을 만나 배가 뒤집혀 한꺼번에 십여 명의 사람이 목숨을 잃고 말았으니 이보다 더 큰 슬픔이 어디 있었으랴. 그 후로 동네 사람들에게는 두려움의 대상이 되었고 그곳에는 발길이 뚝 끊기고 말았다. 그래서 더욱 쓸쓸하고 고독한 섬이 된 것이다. 외로움이라는 동병상련의 아픔을 지니고 우리는 서로 위로하며 살았는지도 모른다.

그러나 무인도는 사람들이 생각하는 것처럼 그렇게 고독한 곳만은 아니지 싶다. 바다제비, 갈매기, 슴새, 칼새들이 철 따라 찾아오고, 갯바위에 다닥다닥 붙어있는 따개비와 바위틈에 배꼽고둥과 소라고둥이 나란히 등을 맞대고 새근새근 잠이 들고, 갯강구들이 무리 지어 우르르 몰려다니기도 하는 곳이다. 물새들이 알록달록한 알을 낳고, 미지의 땅에서 흘러들어온 참나리와 갯메꽃이 갯가 모래턱에 자리를 잡아 꽃을 피우는 곳, 파도에 부딪혀 무화無化되어 가는 몽돌의 속삭임이 그치지 않고, 모든 생명이 시절 인연에 따라 맺혔다가 또 스러져 가는 곳이 바로 무인도가 아닌가.

무인도는 자연이 지배하는 세상이다. 인간의 법이 지배하는 세상은 거미줄처럼 작은 파리는 잡아도 말벌이나 나나니벌 같은 힘센 것들은 잡지 못하는 불공평한 세상이라면, 자연의 법칙이 작용하는 무인도에서는 어느 생명 하나 불평 없이 우주의 질서에 따라 삶을 살아가는 평온한 세상이다. 갯가에 붙어사는 미역, 파래, 톳, 꼬시래기 등 해조류와 굴, 따개비, 소라, 고둥과 같은 패각류까지도 밀물과 썰물의 순환 속에서 하루하루를 평화롭게 살아간다. 작지만 어느 큰 섬이나 육지 못지않은 하나의 독립된 세계, 그 속에는 질서가 있고 만물이 살아가는 순리가 있는 '만다라'의 세계가 아니겠는가.

사람은 나이가 들어가며 무인도가 되어간다. 젊었을 땐 벌·나비처럼 찾아들던 친구들도 하나둘씩 곁을 떠나고 직장에서 은퇴하고 나면 나 홀로일 수밖에. 그래서 나이 들면 사람은 고독해지는 것이다. 그렇다고 홀로인 노인들은 오직 외롭기만 한 것일까. 고독을 모르는 사람이 어찌 깊은 사유에 빠질 수 있으며 철학적 관념의 세계에 들 수 있겠는가. 삶의 목표나 의식이 없는 군중보다 오히려 홀로 서 있는 무인도 같은 노년이 더 축복일지도 모른다.

철학자치고 고독하지 않은 사람이 없었다. 헤르만 헤세는 "운명이 한 사람을 자아에게로 걸어가도록 길을 낸 게 고독이다."라고 했고, 쇼펜하우어도 "고독은 뛰어난 자의 운명이다."라고 했다. 외로움은 즐길수록 값진 것이다. 고독을 그냥 고독으로만 치부해서는 안 될 일이다. 그 속에 길이 있고 희망이 있음을 알아야 한다. 무인도가 가르쳐 주는 삶의 지혜이다.

요즘 나는 부쩍 해 질 무렵 나의 서재 창문을 열고 석양 하늘을 바라볼 때가 많다. 순간순간 아름다운 색으로 물들어가는 하늘이 이처럼 아름다울 수가 있을까 감탄이 절로 나온다. 한낮의 작열하는 태양이 떠 있는 하늘보다 석양의 하늘에 더 매력을 느끼는 것은 아마 황혼에 접어든 나이 탓이리라. 붉게 물든 하늘 저편 피안의 세계도 저리 아름다울지 보이지 않는 내세까지 궁금해지기도 한다.

아무도 없는 무인도에서도 자신을 찾을 수만 있다면, 아무리 고독해도 자기를 사랑할 수 있다면 그것은 삶에 있어서 최고의 축복이 아니겠는가. 침묵을 지키는 무인도의 위대함을 깨닫는다면 무인도는 외로운 고도가 아니라 진정한 나만의 안식처가 될 것이다. 몇 평 남짓한 방에 홀로 갇혀 있지만 외롭지 않고 고독하지 않은 것은 고독 속에서 삶의 의미를 찾으려 고독을 되새김질하기 때문이리라.

가끔 고향 앞바다에 떠 있는 무인도 장구섬이 생각난다. 언젠가 꼭 한 번 그 섬에 가보리라. 지상의 샹그릴라가 그곳에 숨어 있을 것만 같기 때문이다.

터키석 목걸이

성공과 승리의 상징인 터키석은 지그시 실눈을 하고 바라보면 영혼까지 맑아지는 마력을 지닌 보석이다. 하늘의 기운을 받아 태어났다고 하는 이 보석은 고대 이집트뿐만 아니라 멕시코 아스테카 문명을 상징하는 대표적인 보석이기도 하다. 고대 페르시아에서는 승리라는 뜻의 페로자(Ferozah) 또는 피로자(Firozah)라고 불렸고 13세기부터는 '터키의 돌'이라는 뜻인 프랑스어 'Pierre Turquios'에서 유래한 터키석(Turquoise)이란 이름으로 세계적으로 통용되고 있다. 기실 터키석은 터키에서는 생산되지 않는다.

터키석은 세계에서 가장 오래된 보석으로 5,000년 전 이집트 한 여왕의 미라 손목에 끼워져 있는 채로 발견된 '네 개의 팔찌'로 인해 더 유명해졌다. 오랜 세월 동안 그 팔찌는 변하지 않고 아름다움을 그대로 지니고 있어 영원불멸의 보석으로 믿어지고 있다. 메소포타미아나 아스테카 문명에서는 터키석이 액운을 막아주는 신성한 돌로 육체와 정신을 바르게 이끌고 행복과 기쁨을 가져다 준다고도 믿었으며, 고대 이집트에서는 '신령한 힘을 가진 돌'로 터키석을 몸에 지니고 다니면 육체와 정신을 올바르게 이끌어 악운을 막아준다고 생각했었다. 또한 오랫동안 사랑이 부족한 사람에게는 사랑을, 기쁨이 없는 사람에게는 기쁨을, 믿음이 없는 사람에게는 깊은 신뢰를 주는 신비한 보석이라고도 생각했었고, 먼 거리를 이동하는 상인들에게는 부적으로 사용되어 위험으로부터 지켜주는 '여행의 수호석'이라고 여겨지고 있던 보석이다.

이런 고귀한 뜻을 지닌 터키석 목걸이를 선물로 받았다. 그것도 나의 수필 스승 하전夏田 선생님께서 내가 받은 '신곡문학상' 수상 기념으로 주신 선물이다. 선생님께서 목걸이를 주시면서 당신은 당신의 수필 스승이신 관여觀如 선생님께 받은 선물이라고 했다. 이렇게 귀한 선물을 내게 물려주시다니 이보다 더 귀한 선물이 또 무엇이 있을까. 임종이 가까워진 시어머니가 며느리에게 자신의 목걸이나 보석을 대를 이어 물림하는 미담은 종종 들어 본 적은 있지만, 스승에게서 받은 선물을 또 제자에게 물림한다는 말은 들어

본 적이 없는 터라 더더욱 나의 마음을 감동하게 한 선물이다. 아마도 관여 선생님께서 외국 나들이했을 때 제자 하전이 생각나 당신의 마음을 전하고자 이 목걸이를 사 오셨을 것이다. 늦게 시작한 글쓰기이지만 대기만성大器晩成의 꿈을 이루기를 바라는 마음으로 '성공과 승리'를 상징하는 터키석 목걸이를 진심을 담아 사 오셨을 테다. 그런데 이런 뜻깊은 선물을 선뜻 나에게 대물림으로 물려주시다니 하전 선생님의 제자 사랑도 관여 선생님의 마음보다 더 깊었으면 깊었지 덜하지는 않았지 싶다.

선물로 받은 터키석 목걸이는 타원형의 손바닥만 한 크기로 옅은 녹청색 바탕에 한 폭의 산수화가 가느다란 실선으로 그려져 있다. 능선 위에 서너 그루의 노송이 서 있고 나무 아래 한 신선神仙이 앉아 자연 무위의 도에 깊이 빠져 있는 듯 보인다. 무슨 생각을 저리 깊이 하는 것일까. '도상무위 이무불위道常無爲 而無不爲. 하는 것이 없으면서 하지 않는 것이 없다.'라는 심오한 자연무위의 도를 깨우치고 있는 것일까. 아니면 '이름이 있는 만물의 배후에는 이름을 붙일 수도 없고, 또 말이나 글자로 나타낼 수 없는 모든 것의 처음과 근원이 있다.'라는 자연법칙의 진리를 깨닫고 있는지도 모른다. 관여 선생님께서는 제자 하전 선생님에게 이런 노자 사상을 설파하고 싶었는지도 모르겠다.

목걸이 뒷면에는 두둥실 떠 있는 구름 위에 두 사람이 찻잔을 마주하며 선문답을 하고 앉아있다. 돈독한 스승과 제자의 모습이지 싶다. 그 위로 말없이 흐르는 돈독함에 감화라도 된 듯 새들이 날개를 활짝 펴고 평화로이 날고 있다. 두 사람은 관여 선생님과 하전 선생님일 수도 있고, 하전 선생님과 나일 수도 있으리라. 아니면 관여 선생님과 나일 수도 있겠다. 나는 관여 선생님에게 직접 가르침을 받은 제자가 아니지만, 그분의 제자에게 배운 제자이니 나 또한 관여 선생님의 제자가 아니겠는가. 공자에게 직접 배우지 아니한 자가 공자의 가르침을 익히면 바로 공자의 제자이듯이 나도 관여 선생님의 가르침과 뜻을 배우고 익히면 바로 나도 그분의 제자가 되리라 싶어진다. 어떤 기회가 있어서 관여 선생님께 나의 이런 뜻을 전했더니 관여 선생님께서도 그런 나의 생각이 옳다고 흔쾌히 그리하자고 하셨다.

"선생님! 어떻게 해야 좋은 글을 쓸 수 있을까요?"

라는 나의 어리석은 질문에

"자기 능력에 맞게 솔직하게 쓰시라. 길게 쓰려 하지 말고 빙산의 일각만 써야 한다."

라고 현명한 답을 주셨다. 하전수필아카데미에서 선생님을 특별 초대해《반야심경》을 설파하시던 날이었다. 글을 쓸 때마다 항상 이 가르침이 머리에서 떠나지 않는다.

그러나 글줄이 손에 잡히지 않을 때면 난 터키석 목걸이를 꺼내 들고 지그시 실눈을 하고 바라본다. 그럴 때마다 목걸이 그림 속 두 사람의 선문답이 들린다. 이심전심의 가르침을 듣고 싶은 것일 게다. 서두르지 말고 차분하게 생각하는 바를 써 내려가라 하신다. 억지고 꾸미지 말고 흐르는 강물처럼 자연스레 쓰라 하신다. 힘에 부치면 욕심부리지 말고 방하착放下著 하라신다.

아마도 터키석 목걸이는 나의 글쓰기를 지켜주는 '글쓰기의 수호석'인지도 모르겠다. 오늘도 터키석 목걸이를 꺼내 들고 한참을 바라보고 있다.

다순구미 째보선창

이름부터가 흥미롭다. 하필이면 왜 째보선창일까. 째보란 언청이를 낮춰 부르는 일종의 비속어지만 그 이름이 그렇게 들리지 않고 왠지 정겨운 뜻으로 다가온다. 그곳에는 목포사람들의 애환이 어린 추억과 그리움이 젖어있어 잊히지 않는 장소라서 그럴 것이다.

목포는 고종황제의 칙령반포로 개항과 동시에 앞 선창을 개발하고 이어 다순구미 앞 개펄을 메워 선창을 축조했다. 이때 매립지를 곧바로 쌓지 않고 ㄷ자 형태로 꺾어 넣어 선창 안벽이 언청이처럼 안쪽으로 들어갔다 해서 째보선창이라 불렀다. 지금은 유달산 일주도로가 놓여 사라진 목포 사람들만의 옛 추억 속의 장소다.

목포 대반동 째보선청 뒤켠/ 바다를 목숨처럼 끌어안고/ 깡다리젓 밴댕이젓 송어젓 육젓파는/ 붙박이 언챙이 뻴둥할매/ 굵은 철사 동여맨 항아리 속에는/ 지금 마파람이 아우성이다./ 어쩌자고 먹어줄 사람 하나 없는/ 저들만의 잔칫상을 차리는 것일까/ 테맨 항아리 수북이 움트는 소금 꽃 위로/ 갯바람 버무린 주름살이 덩달아 피어난다. (중략)

– 최영록, 〈째보선창 할매별곡〉

째보선창 뒤켠에서 젓갈 파는 째보 할머니의 모습이 어쩌면 우리네 어머니 모습을 꼭 닮았을까. 힘들고 어려웠던 시절 자식들을 먹여 살리려 허리가 굽도록 일만 하던 우리 어머니의 모습이다. 아니 다순구미 우리 형수님 모습이 아닌가. 박가분 냄새 대신 곰삭아 구수한 젓갈 냄새가 더 생각나게 하는 우리네 어머니. 그랬다. 그 시절 우리 어머니에게서는 형언할 수 없는 야릇하며 구수한 냄새가 치마폭에서 묻어났었다.

내화벽돌공장 뒷마을 온금동, 옛말 다순구미는 이름만큼이나 따뜻하고 아늑한 동네였다. 아마도 목포에서는 가장 먼저 봄이 찾아오는 마을이었을 게다. 그도 그럴 것이 아침에 해가 떠 용머리를 넘어갈 때까지 온종일 해가 지지 않는 동네였다. 그래서 옛 이름마저 다순구미라고 불렀는지도 모른다.

이 정겨운 다순구미에 사촌형님네가 아들 셋, 딸 둘 자식 다섯을 낳고 오순도순 살았다. 문득 목포 째보선창이 생각나 큰조카에게 전화를 걸어 물었더니 생생하게 기억하고 있었다. 째보선창은 어릴 적 그들의 놀이터였다. 특별한 놀이 장소나 기구가 없던 시절 또래 아이들이 째보선창에 모여 발가벗고 수영을 하며 노는 것이 그들의 일과였다. 배짱이 있는 아이들은 바다에 뛰어들어 썰물에는 조류를 따라 용머리 끝에까지 수영해 가고 또 들물 때까지 기다렸다가 헤엄을 치면 째보선창까지 무사히 돌아올 수 있어서 해가 지는 줄도 모르고 놀았단다. 오직 재미로 놀기만 했을까. 이곳 째보선창에서는 중선배를 타고 고기잡이 나간 아버지를 기다리는 '조금새끼'들도, '세종호'를 타고 집 떠난 아버지를 기다리는 우리 조카들도 용머리를 돌아 배들이 목포항으로 들어올 때면 혹시나 우리 아버지가 탄 배가 아닐까 하고 모가지를 길게 빼고 서서 배를 바라보며 눈을 떼지 못했을 테다.

형님은 어려서부터 바다로 나갔다. 넓고 깊은 바다를 꿈꾸었던 것이었을까. 새로운 삶에 대해 희망을 품고 운명의 주인공이 되어 세상 파도를 해치며 앞을 보고 전진하고 싶어서였을까. 그건 아닐 것이다. 가난한 현실이 그를 어려서부터 바다로 내몰았는지도 모른다. 형님은 초등학교를 졸업하고 여객선 선원이 되었다. 배에서 허드렛

일을 하며 갖은 고생도 했을 것이다. 배에서 뼈가 굵어 청년이 된 형님은 구레나룻 검실검실한 듬직한 멋진 뱃사람이었다. 아침에 뱃고동 소리를 뒤로하고 목포항을 출발하면 오후 늦게 목적지 낙월도에 도착하여 그곳에서 일박하고 다음 날 오후에 다시 목포항으로 돌아오는 항로였다.

젊어서부터 지병으로 고생하던 형님은 나이 40대 초반에 어린 자식 다섯을 아내에게 맡기고 저세상으로 먼저 떠났다. 어찌 눈이나 제대로 감고 가셨을까. 고향에 올 때면 항상 큰어머니 무덤에 엎드려 등을 들썩이며 흐느껴 울던 형님의 모습이 눈앞에 선하다. 마음이 따뜻하고 다정했던 형님이었는데. 서산동에서 자취하며 중학교에 다닐 때 선창에서 만나면 중국집에 데려가 짜장이나 짬뽕을 사주며 맛있게 먹으라고 한마디하고는 등을 다독여 용기를 북돋아 주던 형님의 자상한 모습이 새삼 그립다.

또한, 젊은 나이에 남편을 먼저 보내고 자식들 먹여 키우기 위해 온몸이 부서져라 온갖 궂은일도 마다하지 않던 형수님을 생각하면 가슴이 절로 미어진다. 누구 하나 도와줄 사람도 없고 어린 자식들 다섯과 힘든 세상을 헤쳐나가기가 얼마나 힘들었을지. 삶의 무게가 천근만근이나 되었을 것이다. 그래도 누구에게 원망 한마디하지 않고 운명이라 여기며 열심히 살았다. 자식들 모두 잘 키워 놓고 남편

뒤따라가셨으니 얼마나 당신은 자랑스러웠을까. 아마도 천국에 가 남편을 만나 자식들 잘 키웠노라고 자랑을 하셨을지 아니면 원망을 하셨을지 궁금해진다. 아마도 두 사람 손 꼭 잡고 서로 고생했다며 다독이고 회포를 풀지 않았을까 싶다.

다순구미 형수님은 누가 보나 훌륭한 어머니였다. 언젠가 문안차 집에 들렀을 때 시장으로부터 '장한 어머니상'을 받았노라고 자랑 겸 상장을 내보여주셨다. 두 손을 꼭 잡아드렸더니 형수의 눈에서 뜨거운 눈물이 주르륵 흘러내렸다. 당신은 당신이 마땅히 해야 할 일을 했을 뿐이라고 생각하시는 것 같았다. 상장 하나가 어찌 형수님의 고단했던 일생을 다 말해 줄 수 있을까마는 그 상장은 형수님의 자랑스러운 삶의 면류관으로 빛나 보였다. 어쩌면 우리 어머니와 형수의 삶이 이처럼 똑 닮았는지. 오직 자식들을 위한 희생적인 삶을 살다 간 두 여인의 일생을 데자뷔로 보는 것 같아 눈시울이 뜨거워졌다.

다순구미 큰 우물 오른쪽으로 돌아 골목길 딸각다리를 오르면 위에서 세 번째 나지막한 오두막집 하나. 그곳이 우리 형님과 형수님 그리고 조카들이 살았던 보금자리였다. 지금은 모두 떠나고 빈 둥지로 남아 있지만 얼마나 아늑하고 정겨운 집이었던가.

가난한 사람들이 모여 살던 온금동 다순구미도. 목포 사람들의 애환이 서려있는 째보선창도, '조금새끼'들 뛰놀던 서산동 보리마당도 이제는 모두가 다 봄날 청보리밭 넘어에 피어나는 아지랑이처럼 아른아른 정겨운 아름다움으로 피어오른다.

조금새끼

목포 서산동으로 오르는 길목에는 '연희네 슈퍼'가 있다. 눈깔사탕, 쫀드기, 뉴-당원, 참스 사탕, 꽈배기 등 옛 추억이 서린 물건을 파는 구멍가게로 영화와 TV 드라마 촬영 덕분에 뜨거워진 곳이다. 슈퍼에 들어서는 순간 마음은 타임머신을 타고 과거로 훌쩍 날아간다.

60여 년 전이었을 게다. 나는 서산동 보리마당 바로 앞집에서 자취하며 중학교에 다녔다. 섬 아이가 도회지로 유학을 왔는데 하필이면 달동네 서산동 보리마당이었을까. 가난한 양복쟁이 외삼촌이 서산동 꼭대기에 살고 있어서 그때 맺은 인연으로 서산동은 나에게 목포 하면 제일 먼저 생각나는 제2의 고향이 되었다.

서산동은 도시라지만 오히려 시골보다도 더 못한 가난한 동네였다. 밤이면 달이 제일 먼저 떠오르고 저녁이면 하늘엔 별이 손에 잡힐 듯 가까이 보이는 목포의 하늘 아래 첫 동네, 따개비같이 다닥다닥 붙어있는 오두막집들과 아침이면 줄을 서서 기다리던 골목길 끝에 있던 공중화장실이며, 집에 수도가 없어 비탈진 골목길 들머리에 있는 공동 수도에서 물을 받아 물지게로 져 날라와야 살 수 있었던 동네였다. 그래도 밤이면 오두막집 창문에서 반짝이는 수많은 백열등 불빛에 멀리서 보면 온 동네가 하나의 거대한 빌딩처럼 보여 낯선 이방인들에게는 감탄할 정도로 멋져 보이는 동네였다. 보리마당에서는 목포항이 훤히 내려다보이고 고개를 돌리면 기암괴석 유달산 일등바위와 버선코처럼 날씬한 유선각이 날아갈 듯 날개를 펴고 서 있는 모습이 아름다워 보였다.

구불구불한 거미줄처럼 이어져 있는 서산동 골목길은 사람 하나 겨우 비껴갈 정도의 비좁고 복잡한 길이어서 길을 한번 잘못 들기라도 하면 출구를 찾기 어려운 반인반수半人半獸 미노타사우루스가 갇혀있던 미로와도 같았다. 이러한 골목길들이 마치 뱀처럼 꿈틀거리며 기어 올라와 한곳에서 만나는 곳이 바로 보리마당이다. 보리마당은 게딱지만 한 오두막집에서 사는 아이들이 여기저기 골목길에서 한배 새끼 물고기 떼처럼 몰려다니다가 마침내 만나 해 가는 줄도 모르고 마음껏 뛰어놀 수 있던 유일한 공터였다.

옛날 학창시절 서산동이 그리워 '연희네 슈퍼' 골목길을 따라 보리마당에 오르는데 골목길 담벼락에 쓰여있는 시 한 수가 눈길을 끌었다. 김선태의 〈조금새끼〉였다. 시 제목이 재미있어 가던 길을 멈춰서서 끝까지 읽고 나니 고단했던 서산동 사람들의 삶을 보는 것 같아 그만 코끝이 찡해졌다. 그래, 그때 보리마당에서 놀던 그 아이들이 '조금새끼'들이었다 이거지…….

서산동 어부들의 삶은 물때와도 깊은 관계가 있었다. 물때는 물이 살아 움직이는 사리 때와 물이 죽어 움직이지 않는 조금 때로 나뉜다. 사리때는 음력 보름과 그믐으로 해와 달과 지구가 일직선으로 놓여 바닷물이 가장 많이 들어왔다 빠지는 시기로 속도가 빠르고, 조금때는 상현달과 하현달이 뜨는 시기로 해와 달과 지구가 직각으로 위치해 바닷물이 가장 적게 들어왔다가 느리게 빠지는 시기다. 이렇게 한 달에 두 번 오가는 사리와 조금이 '조금새끼'가 태어난 원인이 된 것이다. 그럴 법도 하다.

물고기는 물이 살아나는 사리에 활동을 많이 한다. 그래서 어부들도 고기를 잡으려면 사리 때 바다로 나가야 했다. 그것도 중선을 타고 먼바다로 나가야만 하는 어부들은 보름 정도는 바다에서 살아야만 했다. 보름여 동안 망망대해에 떠 있으면 오죽이나 뭍에 있는 아내와 어린 새끼들이 보고 싶고 그리웠을까. 더더구나 달이 차오르고 바다에 기가 충만한 사리때가 되면 어부들도 우주의 기를 받아 몸과 마음이 탱천해지는 것이 자연의 이치가 아니겠는가. 그래서 뭍이 그립고 아내가 더더욱 그리웠을 것이다. 어찌 바다에 나간 어부들만 자연의 기에 영향을 받았을까. 집을 지키고 있는 아내도 달이 하늘에 충만해져 가면 만월의 기운을 받은 여자의 몸도 스스로 일어나 기가 충만히 부풀어 오르는 것이렷다.

남편이 바다에 나가 고기잡이를 하는 동안 아내는 집안에서 그물을 뜨고 아이들을 돌보며 지내다가도 조금 때가 가까워지면 몸이 달아올라 목욕재계를 하고 남편을 기다렸다. 또한 기가 충만해 배를 타고 항구로 돌아온 남편은 선창 선술집에서 막걸리 한잔으로 술기운까지 더해서 콧노래를 부르며 서산동 골목길을 비틀거리며 올라왔을 테다. 집안은 이미 빨랫줄에 빨래가 널려있고 아내는 곱게 단장을 하고 남편을 맞이했으니 두 사람의 재회가 어느 때보다 도 더 뜨거웠지 않았을까. 하여 조금 때가 되면 서산동은 일찍 불이 꺼지고 어두워졌다. 이렇게 해서 새로운 아이들이 만들어졌으니 이름하여 '조금새끼'들이다.

떼로 몰려다니던 '조금새끼'들은 다 어디로 갔을까. 어쩔 수 없이 지 애비를 따라 바다로 나가 지 애비가 그랬듯이 큰바람이 불고 나면 다 같이 돌아오지 못하는 운명이었을까. 아니면 바다가 아닌 다른 세상으로 새로운 삶을 찾아 떠나고 보이지 않는 것일까. 먹고살 수 있는 곳이면 어디든지 찾아 떠나야만 했던 '조금새끼'들의 모습이 바로 나의 모습이었지 싶어진다. 이것이 바로 전라도 사람의 운명적인 디아스포라(Diaspora)의 시작이었는지도 모른다. '조금새끼' '조금새끼' 하고 놀리듯 시를 읊조리면 웃음이 나다가도 금세 눈물이 핑 도는 것은 바로 내 자신이 가난이라는 운명에서 태어난 '조금새끼' 같아서이었을 것이다.

'조금새끼'들로 시끌벅적이던 서산동 보리마당, 지금은 부석부석 산화된 따개비처럼 무너지고 쓰러져 흔적만 남아있는 집들이 여기저기 골목마다 한두 채가 아니다. 오직 남아있는 것이란 골목길을 따라 그려진 소금기 묻어 꾀죄죄하고 흐릿한 벽화와 동네 어른들이 삐뚤빼뚤 써놓은 애환이 서린 자작시들뿐이다. 내가 자취하며 살았던 집은 흔적도 없이 사라지고 그 옆에는 교회당 하나 우뚝 서서 텅텅 비어가는 서산동을 내려다보며 깊은 묵상기도에 잠겨있다.

목포 서산동 보리마당, 구경삼아 지나가는 관광객들뿐 조금새끼들은 그림자도 보이지 않는다. 그 많던 조금새끼들은 다 어디로 갔을까?

제6부 / 연리근

한 마리 새가 되어

태초에 인류가 지상에 출현했을 때 새들은 이미 하늘을 날고 있었으리라. 그럴듯한 날개도 없이 연약한 두 발로 땅을 밟으며 기껏해야 산토끼보다도 더 느린 담박질로 뒤쫓는 맹수를 피해 동굴 속에 숨어 사는 신세이고 보니, 이들은 하늘을 나는 새들을 보면서 참 자유가 무엇인지를 깨달았을 것이다. 또한 오를 수 없는 큰 나무 우듬지나 천 길 낭떠러지 벼랑 끝에 둥지를 틀고 자유자재로 하늘을 날며 살아가는 그들의 모습이 몹시 부럽지 않았을까. 아마 이때부터 인류는 새처럼 하늘을 날고 싶은 마음이 들었을지도 모른다.

나는 어려서 가끔 새처럼 하늘을 나는 꿈을 꾸곤 했었다. 꿈에 하늘을 나는 것은 황홀한 자유였다. 무중력 속의 우주인처럼 거침없이 하늘을 유영하는 것, 모든 걸 다 훌훌 털어버리고 근심 걱정 없는 세상에서 자유롭게 살아가는 것, 이러한 꿈은 원시인류 조상 때부터 무의식 속에 잠재되어 있던 소망이 나의 꿈속에서 발현된 것이었으리라. 아마 그것은 모든 인류의 꿈이며 이상이 아니었을까.

강원도 영월 하늘에 패러글라이더가 유유히 날고 있었다. 그것을 보는 순간 나도 덩달아 하늘을 날고 싶은 마음이 꿀떡 같이 일었다. 나의 무의식 속에 똬리를 틀고 잠들어 있던 꽃뱀 한 마리가 자유를 향해 꿈틀대며 깨어난 것일 게다. 마음을 단단히 먹고 같이 피서온 식구들에게 패러글라이딩 한번 해봐야겠다고 말하자 식구들은 이구동성으로 반대였다. 나이 들어 위험하다는 것이다. 특히 아내의 반대가 심했다. "나이가 무슨 죄냐고. 이 나이가 어때서."라며 항변해 보았지만, 모두 막무가내였다. 그러면 그럴수록 더 해보고 싶은 충동은 어인 연유에서일까. 이유 없는 반항을 할 나이도 아닌데.

몇 년 전 미국에 갔을 때다. 그랜드캐니언에서 경비행기를 타고 험한 계곡 사이사이를 곡예 비행하며 아찔아찔한 전율을 경험한 적이 있었다. 같이 탄 관광객들은 무서워 눈을 가리고 소리 소리를 지르며 아우성을 쳤지만 난 아찔한 계곡 풍경에 매혹되어 오히려 마음이 차분했다. 지난해는 영월 병방치에서 짚라인을 타고 계곡 아래를 향해 쾌속 질주하는데 마치 하늘에서 지상의 목표를 향해 전속력으로 하강하는 독수리가 된 느낌이었다. 금상첨화로 날카로운 금속성의 짚라인 마찰음이 긴장감과 쾌감을 더욱 고조시켜 주었다. 이런 선험 때문인지 하늘을 나는 것이 두렵지 않아 이번 기회에 기필코 패러글라이딩으로 하늘을 활공하며 유유자적해 보리라는 마음이 불길처럼 솟아올랐다. 그래서 포기하지 않고 아내를 몇 번이고 설득하며 꼬드겼다. "이번이 생애 마지막 기회일 수도 있어요. 꼭 한 번 타봅시다."라는 나의 간절한 애원에 고소공포증이 있는 아내도 어쩔 수 없이 마음을 바꿔먹고 같이 한 번 타보자는 나의 제안에 동의해 주었다.

봉래산 정상 패러글라이딩 출발지다. 논산훈련소 조교 같은 교관의 진지한 설명과 주의 사항을 듣고 안전 장비를 착용한 후 그의 지시에 따라 산 아래를 향해 힘차게 내달렸다. 발이 허공을 몇 번 허우적대는가 싶더니 몸이 붕 떠오르는 순간 나는 벌써 하늘을 날고 있었다. 날갯짓 한 번 하지 않아도 어느새 창공을 나는 한 마리의 새가 된 나. 어린 시절 동네 하늘을 빙빙 돌며 선회하던 솔개가 되어 하늘을 활공하고 있는 것이 아닌가. 출발 직전에 공포심이 전혀 없진 않았지만, 하늘로 떠오르는 순간 짜릿한 전율이 온몸으로 번개처럼 퍼져나가더니 곧 두려움은 사라지고 안도감이 들었다.

발아래로 단종 복위 운동에 실패하고 처형장으로 끌려간 충신 성삼문의 시조 속에 나오는 슬픔 어린 봉래산, 어라연 계곡을 거쳐 비단결처럼 굽이굽이 흐르는 동강 물줄기, 단종이 죽은 뒤 그를 모시던 시녀들이 꽃잎처럼 떨어져 죽었다는 동강 절벽 위 처연한 낙화암, 서쪽 하늘 아래 쓸쓸한 단종의 유배지 청령포와 그의 무덤 장릉이 쏟아지는 석양의 잔광殘光 속에 아슴아슴 멀어져 가고 있다.

패러글라이더가 봉래산 정상 주위를 이리저리 몇 번 날더니 영월읍을 향해 하강하기 시작했다. 이상李箱의 까마귀 눈으로 내려다뵈는 영월읍에는 여러 골목길이 보였다. 그의 시 〈오감도〉에 등장하는 13명의 아이가 질주하던 그 골목길이 저기가 아니었을까. 장난감 같은 작은 집들과 구불구불한 골목길, 분주히 오가는 개미처럼 작은 사람들의 모습들, 틀림없이 이상이 보았던 〈오감도〉의 배경이 저곳이 아닌가 싶다.

노을이 지는 서쪽 하늘은 부챗살처럼 햇살이 쏟아져 내리고 그 아래 겹겹이 펼쳐져 있는 산 산 산…. 희미한 잿빛 산들이 연꽃잎처럼 층층을 이루며 한 폭의 수채화처럼 아스라하게 펼쳐져 있다. 모두가 하나같이 어깨를 마주하고 정답게 앉아 있는 평화로운 모습이다. 장자莊子는 대붕의 눈으로 세상을 보았다고 했다. 땅에서 바라보는 하늘이 파란색이듯, 안개 자욱하고 흙먼지가 날리는 뿌연 황토색 땅도 하늘 높이에서 바라보면 파란색으로 보인다는 진리를 발견했던 것이다. 삶도 이와 매한가지일 터. 살면서 겪는 온갖 희로애락도 인생이란 긴 과정에서 보면 꼭 그런 것만은 아닐 터이다. 그래서 인생살이를 새옹지마라 하지 않던가. 멀리서 삶을 바라봄으로써 유유자적하는 삶을 누릴 수 있는 마음가짐도 중요하리라.

어느덧 영월읍 동강 둔치가 가까워지고 있다. 양 날개를 활짝 편 한 마리 백조처럼 사뿐히 착륙지점에 내려앉았다. 하지만 하늘을 날던 흥분이 술에 취한 듯 긴 여운으로 남아 쉬 자리를 털고 일어설 수 없었다. 해발 800m 봉래산 정상에서 새처럼 창공을 날아 지상에 착지하는 순간까지 나는 한바탕 꿈을 꾸고 있었던 것이다. 하늘을 활공하며 세상의 근심 걱정 시기 질투 훌훌 털어버리고 진정한 나만의 자유를 만끽하는 순간이었다.

꽁지머리 아가씨

건강치 못한 위와 장이 항상 나를 괴롭힌다. 누구나 좋아하는 커피를 마음껏 마실 수가 있나, 고소한 피자나 빵 같은 밀가루 음식을 즐길 수가 있나. 먹거리를 앞에 두고 선택해야 할 때면 항상 조바심으로 마음은 늘 좌불안석이다. 특히 먹방 티브이 방송에서 풍만한 사람들이 입맛을 쩍쩍 다셔가며 맛있게 먹는 모습을 보면 가뜩이나 침울한 나를 더 짜증스럽게 한다. 그럴 때면 난 선병질적으로 얼른 티브이 채널을 돌려 버린다.

최근에 또 위와 장이 탈이 나 대학병원에서 내시경 검사를 받았다. 결과를 보기 위해 병실 앞 대기실에서 차례를 기다리는데 행여 잘못된 검사 결과라도 나오지나 않을까 내심 초조하다. 차례를 기다리는 다른 환우들도 모두가 같은 마음인지 대기실 분위기마저 흐린 하늘만치나 찌뿌드하게 가라앉아 있다. 간호사의 호명으로 의사 앞에 가서 앉았다. 손에 땀이 쥐어졌다. 담당 의사가 내시경 사진을 안경 너머로 훑어봤다.

"위축성 위염 소견이 보입니다. 대장에서 용정을 하나 잘랐군요. 나이가 들면 일어나는 노화 현상으로 미국과 같은 나라에서는 노인들은 내시경도 해주지 않습니다. 위는 2년에 장은 5년에 한 번씩 국가에서 실시하는 건강검진이나 받아 보세요."

라며 '노화 현상'이라는 말에 유별나게 힘주어 말했다.

"나이가 들어 이젠 의사로서 더할 도리가 없으니 이렇게 살다 가세요."

라고 하는 말로 내게 들렸다.

"뭐 더 물어볼 것 있으세요?"

의사는 나와 눈도 마주치지 않고 자기 말만 하고 입을 굳게 다물었다. 마주앉아 이야기한 시간이 채 일 분이나 되었을까. 이틀 동안 장 청소와 내시경 검사를 한 후 일주일을 노심초사 기다려온 순간인데, 돌아오는 말이 고작 '노화 현상으로 이제는 어쩔 수 없다.'라는 말뿐이라니. 말문이 막혔다. 나도 발끈한 성미에

"할말 없습니다."

라며 마음속으로 "다시는 내가 찾아오나 봐라." 하며 문을 쾅 닫고 진료실을 나와 버렸다. 너무 섭섭했다. 좀더 친절한 말로, 환자가 희망을 품을 수 있도록 진료해 줄 수는 없는 것일까. 내가 의사에게 바랐던 것은 냉철한 의술이 아닌, 따뜻한 마음이 서려 있는 인술仁術이었는지도 모른다.

위·대장내시경 검사를 하고 난 후로 나이가 들면 육신의 질병을 약과 의사에게만 의지할 수 없다는 사실을 깨달았다. 이젠 마음을 고쳐먹고 스스로 몸과 마음의 병을 다스려볼 생각이다. 나이 들어 굳은 근육과 삐걱거리는 관절 마디마디에 활기를 불어넣고 약해진 오장육부의 활동력과 위와 장의 연동운동력을 회복시키기 위해서는 어떤 것이 좋을까를 고민, 고민하다가 '달리기는 어떨까.'라는 생각이 문득 떠올랐다.

달리기를 시작한 지 벌써 두 달이 넘었다. 의지력이 약한 내가 작심삼일의 징크스를 뛰어넘은 셈이다. 어쨌든 나의 빈약한 체력이 나의 의지에 부응해주었다는 것만으로도 큰 기적은 일어난 것이다. 달리기를 시작하던 날 출정하는 전사처럼 굳게 다짐했다. '단연코 포기는 하지 않으리라.' 처음엔 빠른 걸음 속도로 달리기를 시작했다. 그래도 운동을 게을리했던 나에게는 숨이 목구멍까지 차오르고 다리가 맥이 풀려 얼마 가지 못해 쓰러질 것만 같았다. 그러나 이를 앙다

물고 달리는 내내 숨을 두 번 크게 들이쉬고 또 두 번 내쉬기를 반복하면서 목적지를 향해 달렸다. 중간지점을 지났을까, 어느 순간 나도 모르게 가쁘게 차오르던 숨도 편안해지고 몸을 짓누르던 중력감도 느껴지지 않았다. 다리도 기계처럼 반복적인 운동을 계속했다. 뇌에서 엔도르핀이라도 콸콸 솟아나는 것일까. 야릇하며 몽롱한 기분이 상쾌했다. 목적지에 도달하자 해녀의 숨비소리 같은 긴 한숨이 절로 새어 나왔다. 몸과 마음이 가을 하늘을 나는 고추잠자리 날개처럼 한없이 가벼워진 느낌이었다.

달리기하던 어느 날 아침, 내 앞을 휙 스쳐 지나가는 꽁지머리 아가씨. 보라색 레깅스를 입고 잘록한 개미허리에 노란 휴대전화 가방을 질끈 동여매었다. 꽁지머리를 좌우로 흔들며 힘차게 앞서 뛰어가는 모습이 마치 경마장의 경주마처럼 힘이 넘쳐 보였다. 아침 햇살에 도드라진 곡선미가 아프로디테보다도 더 아름답게 보였다. 꽁지머리 아가씨가 뛰는 것이 아니라 젊음이 뛰고 청춘이 춤을 추는 것이리라. 그 젊음이 나의 심장을 뛰게 하고 가슴을 울렁이게 했다. 꽁지머리 아가씨는 '해담은다리' 밑을 지나, 껑충 홀로 서 있는 미루나무 아래를 통과해서, 아스라이 보이는 '무지개다리'를 향해 하얀 소실점 속으로 힘차게 내달려갔다.

천년 넘은 고목 감람나무에 새 가지가 돋아 꽃이 피고 열매가 맺듯이 탄력을 잃은 나의 다리에도 힘이 다시 올라 저 꽁지머리 아가씨처럼 힘차게 뛸 수 있을까. 힘들어 포기하고 주저앉고 싶을 땐 꽁지머리 아가씨 생각에 다시 마음을 다잡는다. “그래, 나도 할 수 있을 거야.”라고. 고희古稀를 넘긴 나에게 실낱같은 한 가닥 희망을 꿈꾸게 한 꽁지머리 아가씨는 히포크라테스 선서도 무시하는 의사보다야 훨씬 더 낫다는 생각이 언뜻 드는 것이다.

동강 래프팅

한여름날의 영월 동강이다. 벼랑바위 틈 사이에 아슬아슬하게 서 있는 늙은 소나무 등 뒤에서 쓰르 쓰르름 쓰르 쓰르름…. 속 쓰려서 혼자서는 못 산다며 짝을 찾는 쓰르라미가 목청껏 울어대고, 장맛비에 불어난 강물이 물회오리를 일으키며 여울목을 휘돌아 희뿌연 물보라 속에 나뒹굴며 흘러간다.

고무보트를 들고 대원들과 함께 동강에 들어선다. 한여름날 뙤약볕에 달구어진 몸에 냉수를 끼얹는 등목처럼 오싹한 냉기가 발목을 타고 전신으로 퍼져나간다. 삼복염천도 동강은 범접할 수 없는 곳인가 보다.

장장 삼십 리 물길, 구불구불한 동강 계곡을 따라 래프팅이 시작

된다. 처음 접해보는 역동적인 야외 스포츠라 긴장감이 없진 않지만 그래도 섬에서 나고 자란 몸이라서 물만큼은 자신이 있어 두려움은 금세 사라지고 오히려 마음이 차분해진다.

보트 선미에 앉아있는 강사가 "하나, 둘!" 하고 외치는 소리에 대원들은 "셋 넷!"을 따라하는 후렴 소리에 맞추어 노를 젓는다. 손발이 척척 맞으니 래프팅은 출발부터 순항이다. 앞서 출발한 보트들도 노를 저어 강을 따라 내려가고 있다. 순간, 장난기가 발동한 것일까. "앞으로 전진!" 하고 외치는 강사의 명령에 대원들은 노를 빠르게 저어 앞서가는 보트를 추격하여 따라잡는다. "공격!"이라는 강사의 명령에 따라 선제적으로 노를 강물에 쳐 물을 상대편에게 퍼부으니 물싸움이 시작된 것이다. 상대편도 가만히 당하지만 않는다. 서로 치열한 물싸움으로 모두가 흠뻑 물에 젖은 생쥐 꼴이다.

물싸움이 끝난 후 잔잔한 물결을 따라 보트가 유유히 흘러간다. 강 주변의 빼어난 풍광에 눈이 번뜩 뜨인다. 석회암 단애가 강가를 따라 병풍을 두른 듯 펼쳐져 있고, 축축한 푸른 이끼에 뒤덮인 바위들이 때 묻지 않은 태곳적 원시 세계 보는 것 같아 더욱 신비스럽다. 선명하게 붉은 손바닥 자국이 바위에 뚜렷하게 찍혀 있어 조물주께서 이곳 동강의 아름다운 비경을 창조하시고 자기 작품에 손바닥 낙관이라도 찍어 놓은 것은 아닌지 싶다.

동강의 아름다운 황홀함도 잠시뿐, 갑자기 거세지고 빨라진 너울에 정신을 차릴 수 없어 혼비백산이다. 개족이여울을 만난 것이다. 보트가 롤링과 피칭을 거듭하며 심하게 흔들린다. 중심을 잃고 속수무책으로 떠내려가다가 전열을 가다듬고 대원 전원이 한목소리로 구령을 맞추어가며 사투를 벌여 노를 힘차게 젓는다. 간신히 여울을 통과하니 휴 하고 안도의 한숨이 새어 나온다.

언제나 그렇듯 여울을 지나면 강물은 또다시 잠잠해진다. 구불구불 강을 따라 무심히 흘러가는데 홀연히 나타난 두꺼비 바위와 코끼리 바위, 이들도 언제 더위를 피해 강에 들어왔는지 물속에 앉아 꿈쩍도 하지 않는다. 짙은 옥색 강물 위에 옛 선비들이 찾아와 풍류를 즐기곤 했다는 선암대와 그 주위를 둘러싸고 있는 병풍 같은 바위들이 물그림자를 드리우고 앉아있다. 마치 〈몽유도원도〉 속을 꿈속에서 유영하는 듯하다. 이곳은 물고기의 비늘까지도 비단같이 빛난다는 맑고 깨끗한 동강 최고의 비경인 어라연계곡이다. 햇빛에 반짝이는 물결에 눈이 부셔 잠시 고개를 드니 구름 한 점 없는 파란 하늘에 솔개 한 마리가 산머리를 선회하고 있다.

강물을 따라가던 중 얼음골에 잠시 들렀다. 차가운 얼음물이 흘러내리는 계곡물 속에 첨벙 뛰어드니 몸이 반사작용을 일으킨다. 얼음보다도 더 차가워 나도 몰래 용수철처럼 밖으로 튕겨 나올 수밖에.

계곡 바닥 모래알까지도 훤히 보이는 천혜의 청정지역이다. 잠시 후 둥글넓적한 조약돌 하나를 집어 들어 강물에 던지니 손을 떠난 조약돌은 동그란 파문이 이는 물수제비를 그리며 물찬 제비처럼 강 건너편까지 날아간다. 어린 시절 고향 바닷가에서 동무들과 함께했던 추억의 놀이다. 물가에 들어서면 나이는 잊고 어린 시절로 돌아가는 것은 어인 일일까.

어라연을 지나 강폭이 잠시 넓어지는 듯싶더니 또다시 하류에서 요란한 물소리가 들려온다. 앞서 마주쳤던 여울목 소리와는 결이 다르다. 흘러가는 물결이 하얀 물보라를 일으키며 요동을 친다. 눈 깜박할 사이에 쩍 벌린 범고래 입 같은 여울 속으로 보트가 빨려들어간다. 대원들이 지르는 아우성과 거친 여울물 소리가 뒤섞여 천지가 진동하는 아수라장이다. 외손녀 민지와 민경이가 강물로 튕겨 나가지는 않았을까, 걱정이 태산이다. 그러나 모든 대원이 정신 줄을 단단히 잡고 노를 흔들림 없이 저어 순간의 공포로부터 겨우 빠져나온다. 그리스 바다의 신 포세이돈이 심술을 부리고 있는 것은 아닐까. 짧은 순간이지만 긴 스릴과 서스펜스를 만끽할 수 있는 동강 래프팅의 백미 된꼬까리여울이다. 동강에는 이런 여울들이 자주 나타난다. 잔잔한 호수 같은 강을 따라가다가 어느 순간에 사나운 여울이 예고 없이 나타나는 것이다. 어쩌면 우리 인생살이도 동강의 여울처럼 예고 없는 힘든 일들이 반복되고 있는 것은 아닐까. 삶의 질곡을 넘어보지 않고서야 어찌 삶 같은 삶을 살았다고 할 수 있을 것인가. 인생살이를 숙명이라 여기며 살아가야 할 것이다.

한숨을 돌리니 강 건너편에 만지나룻터가 보인다. 백로 한 마리가 강을 가로질러 유유히 날아가 나룻터 물가에 살포시 내려앉는다. 나룻터에는 고색창연한 주막집이 하나 서 있다. 옛 정선 아우라지 나룻터에서 뗏사공들이 뗏목을 타고 조양강과 동강의 거친 황새여울과 된꼬까리여울을 지나며 사투를 벌여 겨우 안전하게 내려와 한숨을 돌리고 머물렀다 가는 주막집이었다. 선술집 여인이 부르는 〈정선 아라리〉가 동강에 울려 퍼질 때면 그 애절한 가락과 노랫말에 이끌려 그냥 지나칠 수는 없었으리라. 뗏사공들이 어찌 돈만을 목적으로 목숨을 걸고 동강의 거친 여울을 헤치며 뗏목을 탔었겠는가. 주막집 주모가 부르는 〈정선 아라리〉 소리가 그리워서 뗏목질을 그만두질 못했으리라. 그뿐이랴. 겹겹이 산봉우리로 쌓여있는 산골에서 새로운 세상과 이상을 찾아 나설 수 있는 길이 굽이쳐 흐르는 이 동강 말고는 또 무엇이 있었으랴. 그 옛날 뗏사공들이 〈정선 아라리〉를 부르며 뗏목을 타고 동강을 흘러가던 옛 풍경이 눈앞에 아슴아슴 그려진다.

이젠 래프팅이 대단원을 향해 달려가고 있다. 강 아래 다리가 하나 보인다. 다리 밑 섶세강변이 래프팅이 끝나는 종착점이다. 래프팅하는 두세 시간 동안 동강의 비경과 여울목의 긴장감에 삼복더위 따윈 저만치 물러가고 느낄 수 없었다. 더위를 망각함이 바로 진정한 피서가 아니겠는가.

종착점에 도착하여 보트에서 내리니 또다시 쓰르라미가 쓰르 쓰르름 쓰르 쓰르름…, 짝을 찾아 목청껏 울어대는 소리가 들리고, 불어난 동강물은 물회오리를 일으키며 여울목을 휘돌아 쉬지 않고 흘러가는 소리가 들린다.

이 또한 지나가리라

난생처음 교도소에 면회를 가보았다. 우리 학교 원어민 교사가 수감되어 있었기 때문이다. 그가 마리화나를 미국으로부터 택배로 주문하여 흡연한 것이 '마약류 관리에 관한 법률'를 위반한 것이었다. 그는 평소 조용하고 차분한 성격으로 학생 지도를 잘하고 학교 방침에도 잘 따르는 착한 미국 청년이었다. 그런데 어느 날 학교에 출근해보니 그 교사가 마약류 위반으로 목포교도소에 갇혀 있다고 목포경찰서로부터 연락이 와 있었다. 원어민 교사들이 연수받을 때 한국에서는 마리화나 흡연이나 소지가 불법이라는 사실을 배워 익히 알고 있었을 테지만 자기 나라에서 자유롭게 즐기던 마리화나로부터 멀리하기가 그리 쉽지 않았던 모양이다.

면회 신고를 하고 대기실에서 한참을 기다린 후에야 원어민 교사가 두 손이 포승줄에 묶인 채 면회실에 들어와 작은 구멍들이 숭숭 뚫린 유리창을 통해 나와 마주앉았다. 교도소에 갇힌 지 채 며칠이 지나지도 않았는데 벌써 얼굴빛이 초췌해 보였다. 덥수룩한 수염에 헝클어진 머리며 빛을 잃은 눈이 엊그제 보았던 그 밝고 말끔한 청년이 아니다. 그의 눈에는 눈물이 글썽거린다. 자유의 소중함을 절실히 느껴지는 순간이다.

요즘 내 꼴이 자유를 유린당한 그 원어민 교사와 같은 모습이 아닌가 싶다. 코로나19 팬데믹 초기에는 마스크를 쓰고 사람들이 많이 모이는 장소를 피하고 조심하면 되는 줄 알았다. 심각한 상태라고는 생각지 않아서 대중교통을 이용하며 겁 없이 여기저기 돌아다니며 일을 보았다. 그런데 날이 갈수록 심각해져 마치 숨죽여 사는 유대인 소녀 안네 프랑크에게 목을 조여 오던 독일 히틀러 나치 병사들처럼 그 무엇인가 점점 나의 숨통을 조여 오고 있다는 느낌이 엄습해 오는 것이다.

우리 동네에서도 이미 일곱 명의 코로나 환자가 발생했고, 이 골목 저 골목에서도 확진자가 나와 격리 이송 중이라고 하루에도 몇 통씩 안전문자가 카톡으로 날아온다. 동네 미용실에 가는 것도 겁이 난다. 목욕탕이며, 식당, 카페 심지어 아파트 엘리베이터까지 안전한 곳이 못 된다고 하니 집안에 틀어박혀 있을 수밖에 없는 노릇이다.

수필 공부하는 문우들이 모여 합평하던 일도 수개월 전에 멈추어 섰다. 대신 집으로 보내온 학습 자료를 통해 공부하고 시간 나는 대로 종종 글을 써서 선생님께 메일로 보내 지도를 받는다. 또 출사를 멈춘 지도 꽤 오래되었다. 사진 동호회 회원들의 얼굴도 가물가물하다. 매월 만나던 향우회 고향 형제들의 얼굴도 마치 안개 속에서 보았던 것처럼 희미할 뿐이다. 가끔 만나서 회포를 풀던 친구들이나 가까운 사람들과의 만남도 단절되었다. 'Out of sight, out of mind'인가. 인간관계 고리들이 끊겨 무인도에 갇힌 느낌이다. 일상의 단절이다.

따분함을 달래려 안간힘을 써본다. 아침부터 TV 앞에 앉는다. 내가 뉴스와 시사 논평 프로그램을 주로 시청하는 반면 아내는 드라마를 즐겨본다. 서로 취향이 다르니 함께 TV를 볼 시간이 없다. 내가 TV를 보면 아내는 방으로 들어가 다른 일을 하다가 내가 컴퓨터 앞에 앉으면 그때 거실로 나와 TV를 켜고 지금까지 밀린 드라마를 몰아본다. 따분함을 달래는 수단은 TV뿐만 아니다. 스마트폰도 한몫한다. Facebook에 올라온 사진과 댓글을 검색해 보고 사진을 포스팅하며 나의 무탈함을 페친들에게 알린다. 포스팅한 사진에 '좋아요'를 눌러주거나 격려의 글에 고맙다고 답장을 달아주기도 한다. 블

로그에 들어가 기행 수필을 사진과 함께 올리며 세상으로 나가 본다. 찾아주는 이가 별로 없는 나의 작은 공간이지만 차곡차곡 쌓여가는 글을 보며 무료함을 달래기도 한다. 그뿐이 아니다. 또 지루하면 유튜브를 열어 책을 읽어주는 방송을 듣는다. 오늘은 '책 읽어주는 편안한 엄마'라는 유튜브에서 천경자 님의 〈해뜨는 여자〉를 들었다.

이처럼 무료함을 달래려 각가지 노력을 다해 보지만, 마음이 답답하기는 매한가지, 일상으로부터의 단절 때문일 것이다.

미증유 공포의 세계로 온 인류를 몰아넣는 코로나는 나의 자유를 참혹하게 짓밟았다. 내가 직접 박쥐를 잡아 구워 먹지도 않았고 천산갑을 솥에 삶아 먹은 것도 아닌데, 어쩌자고 이처럼 혹독하게 나의 일상을 파괴하고 있는 것인가. 이것은 코로나의 지나친 처사임이 틀림없다. 코로나의 천인공노天人共怒할 행위에 항의하여 광화문 광장에 나가 일인 시위라도 해야 할지 모르겠다. 해결책이 없어 답답함에 혼자 늘어놓는 넋두리를 해본다. 사실 굳이 코로나의 반란에 대한 원인을 찾아본다면 그동안, 아니 지금도 인간들이 환경보전과 공생의 진리를 무시하고 지구를 마구 훼손한 것이 업보가 되어 우리에게 되돌아오고 있다는 사실을 굳이 숨길 필요는 없을 것이다.

도스토옙스키의 《죄와 벌》을 읽다가 눈이 침침하여 책장을 덮어두고 안방 침대에 누워 창밖을 바라본다. 창밖으로 하늘이 보인다. 짙은 먹구름이 소나기를 뿌리며 지나가더니 순간 하늘이 파란 하늘로 변해 흰구름이 두둥실 흘러가고 있는 것이 아닌가. 번득 일체유심조一切唯心造라는 말이 떠오른다. 세상이 살기 힘든 지옥 같은 곳일지라도 마음먹기에 따라 천국이 될 수 있다는 뜻이 아닐까. 지금 코로나로 힘든 세상도 구름이 흘러가는 저 하늘처럼 언젠가는 일상이 보장된 본연의 모습으로 돌아오리라. 이 또한 지나가리라.

철 지난 미스김라일락 향기

간밤에 비가 내렸나 보다. 축축이 젖은 노란 은행잎들이 아스팔트 길바닥에 껌딱지처럼 달라붙어 끝없이 널려있다. 스산한 마음으로 낙엽을 밟으며 길을 걷는다.

길을 걷다 돌아보니 도로변 화단 모퉁이에 앙상한 가지 색바랜 담갈색 잎사귀 사이로 비에 젖은 미스김라일락꽃 한 송이가 으스스 떨고 있다. 보기에 안쓰러워 다가가 보니, 웬걸, 봄에 피는 라일락보다 더 진한 향기가 폭발한 듯 코끝에 진동한다.

철 지난 라일락이 더 향기로운 것은 우연이 아니지 싶다. 봄이 오면 서둘러 피어나야 하는 라일락은 향기를 몸안에 응축할 시간적 여유가 없었을 것이다. 그러나 철 지난 라일락은 봄 여름 그리고 가을까지 한 해 동안 꾸역꾸역 비축해 두었던 응축된 향기를 쌀쌀한 늦가을 어느 날 아침 한꺼번에 폭죽처럼 터뜨릴 것이니 더 짙고 향기로울 수밖에 없지 않겠는가.

미스김라일락은 1947년 미국인 식물채집가 엘윈 M 미더(Elwin M Meader)가 북한산에 피어있던 야생 수수꽃다리 종자를 채취해 미국으로 가져다가 원예종으로 개발한 뒤 새로운 이름표 '미스김라일락'을 달고 다시 우리나라로 돌아온 꽃나무라서 더욱 정감이 가는 나무다. 이것은 그가 한국 근무 당시 같은 사무실에서 근무하던 타이피스트 여직원의 이름을 붙인 것이란다. 아담한 수형과 진한 향기를 지닌 미스김라일락은 전 세계적으로 폭발적인 인기를 얻고 있다. 미스김라일락 꽃향기를 맡을 때면 고국을 떠나 만리타국으로 삶의 터전을 찾아 배가 고파 떠나야만 했던 우리 동포들이 떠오른다. 그곳에 뿌리를 내리고 살고 있지만, 그들도 언제나 그리운 고국을 꿈꾸고 있을 것이다. 부디 미스김라일락처럼 아름다운 이름을 가슴에 달고 그리운 고국으로 금의환향하는 날이 왔으면 좋겠다. 앙증맞은 미스김라일락이 늦가을 아침 우울한 나의 마음을 환하게 밝혀준다.

과연 미스김라일락의 진한 향기는 어디에서 오는 것일까. 무색무취인 땅에 뿌리를 내리고 색도 냄새도 없는 물을 빨아들여 자라는 나무가 무슨 조화를 이루길래 꽃이 피면 그토록 진한 향기를 발하는 것일까. 노자의 《도덕경》에는 '충기冲氣'라는 말이 있다. 보이지 않는 힘이 작용하는 공간, 다시 말하면 '심원한 비움의 기운'이라는 뜻을 갖는 가상의 공간이다. 이것과 저것, 너와 나, 이쪽과 저쪽, 유有와 무無, 장長과 단短, 선善과 악惡, 미美와 추醜 등 서로 대척적이며 상반되는 개념의 경계에서 다름을 포용하고 소화하여 새로움을 만드는 창조의 공간을 이르는 말이다. 예를 들어 자석의 음극과 양극이 극대 극 상극으로 상호 작용하되 전혀 다른 새로운 물질인 전기를 생산하듯이 미스김라일락 향기의 비밀도 '심원한 비움의 공간', 즉 충기에서 찾을 수도 있을 것 같다. 미스김라일락이 하늘과 땅의 서로 다른 두 기를 조화라는 창조의 과정을 거쳐 향기라는 새로운 물질을 만들어 내는 것은 아닐까. 어쨌든 밋밋한 나무에서 매혹적인 향기가 발산되는 것은 우주를 창조한 조물주의 심오한 뜻이 아니겠는가.

철 지난 미스김라일락, 일부러 늦가을에 꽃을 피우려 하지는 않았을 터다. 어쩌다 시기를 놓쳐 때늦게 피어났겠지만 그래도 그 향기가 쌀쌀한 가을 아침에 매혹적인 향기를 발하고 있으니 얼마나 자랑스럽고 대견한 일인가. 추운 눈 속에 피는 매화가 더 향기롭듯이 늦가을에 피어난 미스김라일락도 향기가 더욱 진하고 고매한 것이리라.

봄에 피는 미스김라일락 향기가 세상을 향해 확산하여 가는 사춘기 소녀의 마음이라면 늦가을의 미스김라일락 향기는 자신을 향해 수렴해 가는 사추기思秋期 중년의 마음이라고나 해야 할까. 하여 오월의 미스김라일락 향기가 우주를 향해 끝없이 퍼져가는 원심력 같다면 늦가을의 미스김라일락 향기는 자신의 속으로 속으로 영글어 가는 구심력이리라. 봄의 미스김라일락 향기를 맡으면 가슴이 부풀어 오르고 늦가을에 피는 미스김라일락 향기를 맡으면 지난 삶에 대한 회한의 기도 소리로 들리는 이유이다.

지금까지 뚜렷이 이루어 놓은 업적도, 쌓아놓은 재물도, 높은 명성도, 그렇다고 감동을 줄 만한 글 한 편도 써보지 못한 나는 여생인 황혼을 어떻게 살아가야 최선을 다했다는 말을 들을 수가 있을까. 아니 향기로운 삶을 살았다는 말을 들을 수 있을까. 철 지난 미스김라일락이 늦게나마 짙은 향기를 내뿜어 세상에 감동을 주듯이 나도 늦었지만, 감명 깊은 향기 한줌이라도 발할 수 있는 삶을 살다 갈 수는 없을까. 그게 어찌 쉬운 일이겠는가. 늦가을에 진한 향기를 발하는 미스김라일락을 보니 그저 나 자신이 부끄러워질 뿐이다.

황혼을 사는 나는 화려한 삶을 사느니보다 '아름다운 마무리'를 하고 싶다. 그것이 진정한 노년 삶의 향기가 아닐까 싶어서다.

"아름다운 마무리는 언제든지 떠날 채비를 갖춘다. 그 어디 어느 것에도 얽매이지 않고 순례자나 여행자의 모습으로 산다. 우리 앞에 놓인 이 많은 우주의 선물도 그저 감사히 받아 쓸 뿐, 언제든 빈손으로 두고 떠날 수 있도록 준비한다. (중략) 아름다운 마무리는 낡은 생각, 낡은 습관을 미련 없이 떨쳐 버리고 새로운 존재로 거듭나는 것이다. 그러므로 아름다운 마무리는 끝이 아니라 새로운 시작이다."

라고 법정 스님은 일찍이 중생을 향해 일깨우셨지 않았던가. 세상 욕심부리지 말고 자연의 순리에 따라 맑고 향기롭게 살다 가자.

미스김라일락 꽃가지 하나를 꺾어들고 집으로 돌아왔다. 물컵에 담아 서재 책장 위에 놓아두고 하루에도 몇 번씩 드나들며 코를 대고 벌름거린다. 은은하면서도 진한 미스김라일락 향기, 조물주의 창조적인 조화 속에 생성된 우주의 기운이 방안에 충만한 듯싶다. 내 마음도 미스김라일락 향기 같은 기운으로 가득 넘쳤으면 좋겠다.

모닝커피를 마시며

마법의 검은 콩, 커피는 전 세계적인 기호식품이다. 씁쓸한 맛에 달콤하며 진한 향까지 곁들여 있으니 사람들이 그 마력에서 벗어나기란 그리 쉬운 일이 아니다. 커피믹스의 부드럽고 달콤한 맛, 블랙커피의 씁쓸하면서도 고소한 향, 커피 원액인 에스프레소에서 느낄 수 있는 커피 고유의 진한 맛은 가히 현대인들의 입맛을 사로잡고도 남는다.

그럼 우리나라에서는 커피를 언제부터 마시기 시작했을까. 어떤 사람들은 고종이 아관파천俄館播遷 후 러시아 공사에서 커피를 마신 것이 최초라고도 하고, 또 어떤 사람들은 그 이전에 선교사들을 통해 이미 커피가 조선에 들어와 널리 퍼져 있었다고도 말한다. 이들은 고종의 아관파천보다 2년 전에 우리나라에서 커피가 유행하고 있음을 퍼시벌 로웰(P.Lowell)의 저서 《조선, 조용한 아침의 나라》에 기록되어 있다는 증거를 들이댄다. 어쨌든 커피는 조선말에 우리나라에 들어와 양국탕洋國湯이란 이름으로 시작해 오늘에 이르고 있다.

우리나라도 이제 커피 소비 왕국의 대열에 합류했지 싶다. 연간 커피 시장이 10조 원이 넘고 성인이 연간 377잔의 커피를 마신다고 하니 하루에 한 잔 이상의 커피를 마시는 셈이다. 점심 후의 길거리 풍경도 재미있다. 무슨 유행이라도 된 듯 손에 커피잔을 들고 걷는 사람들을 흔히 볼 수 있다. 커피 한 잔 값이 쌀 10kg 한 포대 값보다도 더 비싼 호텔이나 고급 레스토랑에는 항상 만원으로 앉을 자리가 없이 붐빈다. 오죽했으면 싼 점심 먹고 비싼 커피 마신다는 말이 있을까. 이런 말에 쌀농사를 짓는 농부들이 속상해할 수도 있겠지만 기실 농부들도 새참 후에 막걸리나 소주 대신 커피를 마신다니 도농都農 가릴 것 없이 커피는 최고의 기호품이 된 지 오래다.

한때 다방 전성시대가 있었다. 그때는 커피를 주문하기가 매우 쉬운 일이었다. 커피 하면 단 한 가지 메뉴였기 때문이다. 커피 한 스푼에 설탕 두 스푼, 그리고 프림 세 스푼을 섞어 제조한 일명 달달한 '다방 커피'가 그것이었다. 다방 커피에 익숙해진 노인들에게는 당연히 지금의 커피집 메뉴에 어리둥절할 수밖에. 국적 불명의 생소한 커피 메뉴 앞에 서면 무엇을 주문해야 할지 망설이게 된다. 다양한 커피를 마셔본 사람은 손쉽게 기호에 맞는 커피를 주문할 수 있을 테지만 그렇지 못한 대다수 노인들에겐 어려운 일이다. 생소한 이름의 커피들이 마치 낯선 이방인을 만난 것처럼 어색하고, 혹시 잘못 주문하면 어떡하나 걱정되어 병들어 우장쓴 닭처럼 주눅들 때가 다반사다. 그래서 부르기 쉬운 '아메리카노'가 노인들이 주문하는 가장 대중적인 커피가 된 것인지도 모른다.

나도 익숙지 못한 커피 메뉴 때문에 웃지 못할 에피소드가 하나 있다. 한번은 커피를 주문하러 커피집 앞에 섰다가 낯설고 생소한 커피를 얼떨결에 주문하고 말았다. 메뉴 첫머리에 쓰여있는 에스프레소였다. 제일 위에 있는 커피라서 가장 고급스럽고 맛이 좋을 거라고 오해한 것이다. 소주잔 크기의 작은 도자기컵에 담겨 나온 검정 구두약보다도 더 진한 커피 진액이었다. 고상한 맛을 기대하며 한입에 털어넣자 어찌나 쓰던지 혼쭐이 났다. 오만가지 상을 찡그리며 허겁지겁 화장실로 달려가 뱉고 물로 입안을 헹구고 나니 정신이 들었다. 커피집 앞에 서면 그때의 일이 생각나 가끔 혼자 웃는다.

미국에서는 요즘 커피 때문에 사회적 문제가 발생해 시끄럽다. 필라델피아에 있는 한 유명브랜드 커피집에서 커피를 주문하지 않고 매장에 앉아있던 두 흑인을 경찰이 체포하여 구속한 사실과 로스앤

젤레스 커피집 화장실에 볼일 보러 갔던 흑인이 사용을 거절당한 사실이 알려지자 인종차별 문제로 항의가 거세진 것이다. "커피도 검고 흑인도 검다"라는 피켓을 들고 항의를 한다. '검은 커피는 좋아 마시면서 피부가 검다고 흑인을 왜 차별하느냐?' '피부색이 달라도 피는 똑같이 붉지 않은가.' 그들이 외치는 주장이다.

며칠 전, 미국 막내딸 집에서 브런치 카페에 아침 겸 점심을 먹으러 갔다. 이른 아침부터 식당에는 사람들로 붐비고 있다. 주로 가족 단위로 와서 주문하고 차례를 기다린다. 우리 식구들도 한 반 시간은 기다렸지 싶다. 드디어 서빙하는 아가씨의 도움으로 편안하고 넓은 식탁 한 자리를 차지했다. 먼저 주문한 음식이 나오기 전에 커피와 음료부터 나왔다.

이 팬케이크 집에는 커피를 서빙하는 특별한 사람이 있다. Lenster라는 흑인이다. 커피를 서빙하는 그를 보면 기분이 절로 좋아진다. 겅중거리는 걸음걸이와 들썩이는 어깨 하며 얼굴 가득 미소를 머금고 손님들에게 커피를 따라주는 그는 행복의 전령사였다. 친절하며 위트있는 농담과 인사말도 빠뜨리지 않는다. 외손녀 Hannah와 Anna가 손을 들어 인사를 하자 그도 기분 좋게 하이 파이브로 답례를 한다. 그의 친절에 고소한 커피 향까지 더하니 세상은 금방 행복으로 가득해진다.

검은 커피가 지역, 인종, 문화를 뛰어넘어 모든 세상 사람들의 사랑을 받듯이, 이 세상의 모든 차별도 커피 향에 묻혀 영원히 사라졌으면 좋겠다.

나도 어느새 커피 맛에 길들어져 있나 보다. 위장이 약해 항상 커피를 멀리하려 하지만 그 향의 매혹을 뿌리치지는 못한다. 막내딸이 달인 고소한 모닝커피 한 잔으로 오늘 하루를 시작한다.

한라산에 올라

서귀포 해안가에 해무가 밀려온다. 하얀 너울로 위장한 점령군처럼 해안선을 넘은 해무는 크고 작은 오름을 소리 없이 점령하더니 점차 한라산 정상을 향해 진군하고 있다. 날씨가 심상치 않다. 서둘러 스마트폰을 열어 날씨를 검색해 본다. '오늘의 제주 날씨' 흐리고 비, 60%의 습도. 일기예보가 이 정도라면 한라산에 비가 올 확률이 거의 100%에 가깝다.

한참 갈등하다가 일단 한라산 영실코스 입구를 향해 차를 몰았다. 혹시 비가 내려 입산할 수 없으면 한라산 숲길이라도 드라이브하며 빗속 낭만에 흠씬 젖어보는 것도 좋겠다는 생각이 퍼뜩 들어서다.

영실코스를 향해 가는 도중 예측한 대로 비가 내렸다. 짙은 안개 속을 한 시간 정도 달렸을까. 영실휴게소 하늘이 활짝 열려있다. 1,200고지 바로 아래까지 비가 내리고 안개가 자욱한데 이곳에는 햇볕이 쨍쨍 내리쪼인다. 한 치 앞도 내다볼 수 없는 것이 인생사라 하지만 제주 날씨는 그보다 더하지 않는가. 한라산을 오를 수 있다는 생각에 마음이 들떠 흥분이 가라앉지 않는다. 복장을 가다듬고 등산화를 단단히 조여 묶었다. 물과 초콜릿 그리고 사탕을 챙겨 넣고, 배낭의 무게를 줄이고 화장실까지 다녀와서 전장으로 출정하는 병사의 마음으로 등산로에 들어섰다.

한라산 등반이 이번이 처음은 아니다. 목포항도여자중학교 재직시절 수학여행 인솔 차 한 번 오른 적이 있다. 그땐 오직 학생 안전이 최고의 목표였기에 한라산의 비경을 꿈꾸는 것은 언감생심焉敢生心이었다. 산을 오르지 않으려 뒤꽁무니를 빼던 녀석들을 백록담까지 몰고 올라갔던 일이 기억 속에 가뭇할 뿐이다.

산길에 들어서니 소나무 숲이 울울창창하다. 졸졸 흐르는 개울 물소리와 여기저기서 지저귀는 산새 울음소리, 박새일까 제주휘파람새일까. 동박새 한 마리 동백나무에서 포로롱 날아오르자, 직박구리도 뒤질세라 깍깍 소리를 지르며 날아오른다. 큰오색딱딱구리가 나무둥치를 찍어대는 소리에 온 골짜기가 긴 공명을 남기며 여운에 잠긴다. 한라산은 즉흥 판타지 공연장이다.

산을 오른다는 것은 힘든 일인가 보다. 반 시간 정도 오르기 시작했을까. 다리는 풀려 팍팍하고 몸무게는 천근만근이다. 언제 저 높은 곳을 오를 수 있을지 바라다보이는 능선이 까마득하기만 하다. 인생을 고苦라 했던가. 산을 오르는 것 역시 고苦다. 오르는 것이 왜 이리 힘이 드는지. 평지를 걷는 것이나 산을 오르는 것이나 몸뚱이 하나 두 발로 옮기는 것은 똑같은 물리적 운동일 텐데 입에서 쓴 단내가 나리만큼 힘들다. 그것은 자연에 역행하기 때문이리라. 끌어당기는 지구의 중력에 투항하지 않는 불손한 내 태도가 자연의 비위를 거스른 것일 게다. 벌써 등골에 땀이 흐르고 이마에도 땀방울이 송골송골 맺혀난다. 그래도 힘들여 오르는 것은 한라산에 피어있을 철쭉꽃에 대한 나의 기대 때문이다.

드디어 병풍바위에 도달했다. 허리를 펴고 한숨을 돌리니 이제야 산 아래가 시야에 들어온다. 깎아지른 주상절리 단애가 천 길 낭떠러지다. 바라다보기만 해도 현기증이 인다. 맞은편 계곡 위에는 일체 번뇌를 끊고 깨달음을 얻은 듯 오백 나한 바위가 조용히 앉아 참선에 들었다. 운해는 해안선을 뒤덮고 중산간 오름과 오름 사이를 지나 한라산 중턱까지 너울너울 파도처럼 밀려온다.

삶이 아무리 고苦라 할지라도 때론 순간순간 찾아오는 쾌快도 있는 법. 화려하게 피어난 진분홍 철쭉을 볼 목적으로 힘들여 한라산을 오르고 있지만 기대하지도 않았던 또 다른 즐거움을 산을 오르는 길에 만나고 있다. 이런 것을 덤이라 하던가 우수리라 하던가. 어쨌든 고산 자락 등산로에 피어난 한 무더기 하얀 찔레꽃의 진한 향기가 지친 발걸음에 힘을 북돋고, 분홍빛 병꽃은 갈증에 혼미해진 나를 깨우려 방실방실 속살거린다. 병풍바위를 지나 아고산대亞高山帶에서 우연히 만난 구상나무군락은 최고의 행운이다. 연둣빛 새싹 촉감이 이제 막 방싯거리는 우리 손자 손가락보다도 더 부드럽다.

구상나무는 주목과 함께 빙하기에 남하하여 한반도 전역에 걸쳐 살다가 후빙기에 접어들어 대부분 사라지고 이곳 한라산 고산지대에 터를 잡은 우리나라 고유 희귀 수종이다. 일찍이 서양인들은 이 나무의 매력에 끌려 세계적인 명품 '크리스마스트리'로 개량한 후 톡톡히 재미를 보고 있다. 구상나무 앞에 서니 그 가치를 미리 알아차리지 못한 우리의 우둔함에 미안한 마음이 들어 고개가 절로 숙어진다.

구상나무 숲길을 지나 돌들이 서 있는 넓은 들판이라는 광활한 '선작지왓'에 들어섰다. 나지막한 구릉과 구릉 사이로 한라산 봉우리가 우뚝 얼굴을 내민다. 제주의 시고 달콤한 과일 '한라봉'의 뒷모습이다. 한라산 정상을 무대로 밀려오는 해무가 살풀이춤을 춘다. 하얀 비단천으로 한라봉을 감싸다가 또 풀어헤치기를 거듭하며 신명이 났다.

기대했던 선작지왓에 가득한 철쭉꽃은 뵈지 않는다. 개화 절정기를 놓친 탓일까. 삭풍에 말라 잎사귀만 남아있는 조리대 군락지와 앙상한 관목들 사이에 듬성듬성 피어있는 철쭉들이 철 늦게 찾아온 나를 탓할 뿐이다.

윗세오름, 해발 1,700m. 터줏대감 큰부리까마귀 떼가 탐방객보다 먼저 자리를 잡았다. 텃세라도 부리는 것일까. 이방인의 침입을 경계라도 하는 것일까. 큰부리까마귀들이 여기저기서 목청을 돋우어 울어댄다.

한라산이 손에 잡힐 듯 코앞이다. 병풍처럼 펼쳐져 있는 한라산을 마주하며 최종 목적지 남벽 분기점 방에오름 전망대에 올랐다. 하늘 아래 한순간도 변치 않은 것이 무엇이 있을까. 활활 타오르던 활화산이었던 한라산도 지금은 조용히 침묵만 지키며 등을 돌리고 앉아있다. 푸른 기상을 자랑하던 구상나무들도 앙상한 형해形骸의 모습으로 하늘을 향해 소리 없는 함성을 지르고 있다. 몰려왔다 흩어지는 해무 속의 한라산 모습도 선듯선듯 변화무쌍하다. 한때는 만화방창 혈기 왕성했던 나, 이젠 삐걱거리는 육신을 버겁게 이끌고 방애오름에 올라 지친 몸을 추스르며 숨 고르기도 힘겹다. 여러 인연으로 생성되었다가 변해가는 모든 현상이 자연의 이치며 우주의 질서가 아니겠는가. 아니 조물주의 창조 의지인지도 모르겠다. 눈앞에 서 있는 한라산과 넓게 펼쳐진 영실 선작지왓에서 순환의 질서에 따라 변해

가는 삼라만상을 바라보며 한참이나 말없이 앉아있다.

이제 돌아서서 내려가야 하는 길. 한라산 1,200고지 아래는 아직도 해무가 너울너울 바다처럼 넘실대고 있을 것이다.

동짓날

지나온 삶이 너무 팍팍해서였을까. 오늘날까지 결혼기념일 같은 것은 사치라 여기고 괘념치 않고 살아왔는데, 올해는 새삼스레 자녀들이 우리 결혼기념일을 챙겨주었다. “엄마! 아빠! 결혼기념일 축하해요.”라며 물 건너 멀리 사는 막내딸로부터, 국내에 가까이 사는 모든 자녀도 영상통화를 해왔고, 맛있는 것 사 먹으라며 용돈도 보내주었다. 또 며느리도 예쁜 꽃다발을 사 와 축하까지 해주었으니 새삼 ‘우리에게도 결혼식이 있었구나.’라는 생각이 문득 드는 것이다.

그러니까 지금으로부터 46년 전 동짓날, 그날은 유별나게도 함박눈이 펑펑 내리고 있었다. 섬마을 작은 교회에서는 군청색 줄무늬

양복을 입은 신랑과 분홍색 한복에 하얀 면사포를 쓴 신부가 풍금에서 울려 나오는 〈결혼행진곡〉 소리에 맞추어 예배당에 들어섰다. 주례를 맡은 교회 목사님께서 "하나님께서 사람을 남자와 여자로 지으시고 남자가 그 부모를 떠나서 아내에게 합하여 그 둘이 한몸이 되었으니 이제 신랑과 신부는 두 몸이 아니라 한몸이 된 것입니다."라는 간단한 주례사와 "신랑과 신부는 검은 머리가 파 뿌리가 될 때까지 서로 사랑한다고 하나님 앞에 맹세하겠습니까?"라는 서약선서를 받고 나서 마지막으로 "이 부부에게도 아브라함이 받았던 축복을 내려주시옵소서."라는 축복기도와 또 교회 성도들의 우레 같은 축하 박수를 받으며 결혼식이 끝났다. 까마득한 시절 나의 결혼식 풍경이었다.

결혼식이 끝나고 밖으로 나왔다. 교회당 밖에는 아침부터 눈이 소복소복 내리고 있었다. 온 세상이 눈이 부실 만큼 깨끗하고 아름다운 순백의 세상이었다. 나는 신부의 손을 꼭 잡았다. 한평생 눈처럼 깨끗하게 살아가자고 굳은 약속이라도 하는 듯이 펄펄 내리는 눈을 한참이나 바라보았다.

결혼식을 마쳤으니 신혼여행을 떠나야 했지만 군 복무를 마치고 대학에 복학한 가난한 학생으로서 다른 사람들이 누리는 신혼여행 같은 호사스러운 행사는 사치일 뿐이라고 여길 수밖에 없었다. 그렇다고 어찌 신부에게 미안한 마음조차 없었겠는가. 내색은 하지 않았지만, 평생 한 번뿐인 신혼여행도 가지 못한 서글픈 마음을 혼자 속으로 다독이어야만 했다. 대신 언젠가는 멋진 신혼여행을 가보리라고 다짐을 하고 아무 이웃도 살지 않는 산골 우리 집으로 신혼여행 예행연습이라 여기고 가기로 했다.

그러나 이제 돌이켜 보니 나는 세상에서 가장 멋진 결혼식을 올렸지 싶다. 결혼식 내내 함박눈이 펑펑 내렸고, 또 결혼식이 끝나고서도 그칠 줄 몰랐으니 이런 하늘의 축복이 어디에 또 있었겠는가. 만일 어떤 행사를 위해 온 세상을 덮을 만큼 많은 인공 눈을 뿌려댄다면 얼마나 큰 비용이 들었을 것이며 또 그런 인공 눈이 어찌 자연적으로 내리는 눈처럼 감동을 줄 수나 있었겠는가. 여느 결혼식에서 뿌려주는 꽃가루는 겨우 신랑과 신부가 걸어가는 무대 정도였겠지만 우리 결혼은 시작 전부터 끝날 때까지 그리고 집에 가는 동안 내내 축하 꽃가루를 뿌리듯 하늘에서 함박눈이 펄펄 내려주었으니 이보다 더 화려하고 멋진 결혼식도 없었지 싶다.

나는 백석의 시 〈나와 나타샤와 흰 당나귀〉를 좋아한다. 혹시 이 시를 우리 결혼식을 축하하기 위해 미리 써놓은 것이 아니었을까,라고 생각할 때도 있었다.

가난한 내가
아름다운 나타샤를 사랑해서
오늘밤은 푹푹 눈이 나린다.
(중략)
눈은 푹푹 나리고
아름다운 나타샤는 나를 사랑하고
어데서 흰 당나귀도 오늘밤이 좋아서 응앙응앙 울을 것이다.

– 백석, 〈나와 나타샤와 흰 당나귀〉 중에서

눈이 푹푹 쌓이는 밤 흰 당나귀를 타고 산골로 가 오두막집에 살고 싶다던 천재 시인 백석, '산골로 가는 것은 세상에 지는 것이 아니라 세상 같은 건 더러워서 버리는 것'이라던 그였다. 이 시를 읊을 때마다 함박눈이 끝없이 내리던 동짓날, 결혼식을 마치고 신부 손을 꼭 잡고 산골 오두막집으로 걸어갔던 그 모습이 떠올라 가슴이 울컥해질 때가 한두 번이 아니다. 푹푹 내리는 함박눈을 맞으며 걸어가는 데도 춥지도 않았다. 가난했어도 그리 슬프지도 않았다. 결혼식을 마치면 신혼여행으로 누구나 가던 제주도나 부곡 하와이 온천이 아니고 산골 오두막 우리 집으로 가도 마냥 행복하기만 했다.

고갯마루에 올라서니 저만치 우리 집이 보였다. 신혼여행 첫날밤을 보낼 곳이다. 집에 이르는 길목에는 나의 신혼 행진을 축하라도 해주듯이, 소나무 가지마다 눈꽃이 송이송이 탐스럽게 피어있고, 가시덤불 아래 쉬고 있던 딱새들과 곤줄박이들이 이리저리 떼로 몰려 날아다니며 목청 높여 재잘거렸다. 키 작은 솔포기 아래에 웅크리고 있던 산꿩들도 "꿩! 꿩!" 목청껏 소리 내며 푸드덕 날아올랐고, 떨어지는 눈꽃 소리에 놀란 노루들도 이리저리 눈밭에서 뛰어놀았다.

간밤에도 눈은 그치지 않고 소록소록 내렸나 보다. 마구간에는 눈을 피해 숨어든 노루들이 소와 함께, 닭장 홰에도 산꿩들이 닭들과 함께 잠을 잤었나 보다. 백석이 찾아간 산골에서는 흰 당나귀가 응앙응앙 울었다지만 나의 신혼여행지 산골에서는 부엉이가 뒷산에서 부엉부엉 밤새 울어주었다. 아침에 일어나니 들창문이 벌써 환하고 산꿩들이 "꿩! 꿩!" 우는 소리가 산골에 공명으로 울려 퍼지고 있었다. 그날 밤은 연중 가장 긴 동짓날이었지만 나에게는 가장 짧은 밤이었다.

그런데 아직도 난 멋진 신혼여행을 가겠다던 그 약속을 지키지 못하고 있다.

해설

사물과 세상을 읽는 방식
– 박영득 수필의 인식론적 해석

허상문(문학평론가, 영남대 명예교수)

1

박영득 작가가 『매미섬』, 『집게의 꿈』에 이어 세 번째 수필집 『몽돌의 차르르 따르르』를 펴낸다. 작가는 자신의 수필 세계가 한반도 최남단에 자리한 신안군의 한 작은 섬마을의 아름다웠던 고향과 잠들어 있던 자신의 감성을 글로 깨워보고 싶다는 소망을 여러 차례 피력한 바 있다(《매미섬》 〈책머리에〉, 《집게의 꿈》 〈책을 펴내며〉). 이러한 소망은 망각하고 살았던 지난날 삶의 조각들을 일깨워 희미했던 어린 시절의 꿈과 이상을 새롭게 꽃피우고자 하는 작가의 바람이었다.

그리하여 그의 작품에서는 주위에 피어나는 들꽃이나 작은 풀벌레에서도 생명의 소중함과 창조주의 뜻깊은 의지를 느끼게 되고, 눈앞에 보이는 말 못하는 사소한 사물들과도 무언의 언어로 소통하게 된다.

박영득은 세상과의 대면을 통하여 파열되는 개인의 내면으로부터 자아의 열림에 이르기까지 다채롭고 폭넓은 양상을 보여주고 있다. 그의 작품은 거칠고 힘든 삶과 세상을 벗어나 진정한 삶에 대한 그리움으로 나아가고자 하는 존재론적 욕망을 보여준다. 자신이 살아온 고향에 대한 지속적인 그리움을 통해 새로운 삶에의 의지를 보여주는가 하면, 동시에 인간과 자연을 한몸에 담고자 하는 투명한 마음의 각성을 일깨워 준다. 그의 많은 작품은 존재의 채워짐에 대한 희망과 함께 그것을 열고자 하는 조심스러운 욕망을 표출한다. 그러면서 분열되어가는 세상에 대한 좌절과 불만을 이어붙여 미래의 삶의 가능성에 대해 숙고한다(박영득 수필의 이러한 특성에 관해서는 그의 신곡문학상 수상 작품론, 필자의 졸고 〈"존재의 풍경 혹은 노스탤지어의 서사-박영득의 수필 세계"〉, 《수필과비평》 256호, 2023. 2) 참조.

말하자면 박영득의 수필은 주체가 세계에 살면서 세계를 향해 나아가고자 하는 존재론적 인식의 전형을 보여준다. 그래서 작가는 주체가 만나는 사물 혹은 세계와 조우하는 순간을 민감하게 포착하면서 그 과정에서 주체의 존재 양상을 새로운 방식으로 드러낸다. 인간의 존재 양상이란 주체가 만나는 사물과 세계의 연결 가능성에 의해 교통하는 구체적인 지점에서 이루어지게 된다. 메를로 퐁티의 표현을 빌리면, 주체는 세계로 끊임없이 나아가고자 하고 세계는 주체에게로 들어오고자 하는 통로가 되면서 그 접점에서 문학의 정체성은 자리 잡게 된다. 박영득의 수필에서는 존재가 만나는 사물의 풍경과 세계의 풍경이 서로 교호하면서 한 편의 서사를 이루게 된다. 그런 의미에서 그의 수필을 살펴보는 일은 우리 수필을 전면적으로 지배하고 있는 지금의 서사 현실을 반성적으로 성찰해 볼 수 있는 계기를 동시에 제공한다.

당연한 이야기지만, 이 세상의 모든 사물은 무한한 잠재성을 지니고 있다. 사물을 한 권의 책으로 비유하자면, 책은 읽고 이해하는 사람에 따라 다양한 해석의 가능성을 지니면서 한 페이지를 넘길 때마다 새로운 이야기로 전개되면서 주옥같은 의미를 우리에게 던져주게 된다. 삶에서 사물이 지닌 힘은 읽는 깊이와 넓이에 따라 그만큼 크다. 어찌 보면 사소하고 무의미한 사물로 보일수록 그것이 지닌 힘은 더욱 크다. 작가가 사물을 읽는 시선에 의해 그것은 끝없는 깊이의 잠재성을 지니고 있기 때문에 그 힘은 작가가 발견해서 보여주지 못하면 좀처럼 드러나지 않는 법이다. 하나의 사물이 의미 있는 사물이 될 수 있는 것은 그 속에 봉인되어 있는 잠재성을 발견할 수 있는 작가의 살아있는 시선이 번뜩일 때 가능하다. 다시 말해 그것은 일상적 관념이 아닌 사물 그 자체를 깊은 인식의 눈으로 바라보는 것을 의미한다.

박영득은 이 같은 사실을 잘 인식하고 있다. 이를테면 "글은 쓰면 쓸수록 더욱 어렵다는 사실을 깨닫습니다. 사물의 본질에 대한 분석과 사유의 깊이가 얕을 뿐만 아니라 창조주의 깊은 뜻을 깨달을 수 있는 영적 능력도 깊지 않기 때문입니다."(《몽돌의 차르르 따르르》, 〈작가의 말〉)라는 작가의 발언은 사물과 세상에 담긴 '깊은 뜻'을 얻고자 하는 작가의 다짐을 말해주는 것이다. 요컨대 박영득의 수필 세계에서 나타나는 이런 인식론적 태도는 세 번째 수필집 《몽돌의 차르르 따르르》에서 나타나는 사물과 세상을 보는 하나의 방식으로 자리하면서 그 깊이와 넓이는 작가의 문학적 전언을 충만하게 정서화하는 내발적인 힘으로 기능하고 있다.

2

독일 시인 실러의 서술에 의하면, 감성적인 작가는 자연을 이념으로 고양해서 현실로부터 더 높은 이상으로 나아가고자 한다. 이때 작가가 느끼는 감정들에 따라 작품의 성격은 서로 다르게 나타난다. 예컨대, 현실과 사물이 작가의 의지와 반하는 방향으로 구성될 때, 작품은 부자연스럽거나 불균형적인 성격을 지닌다. 반면에 작품이 현실과 사물에 의해 조화롭고 균형을 이루며 표현되면 작품은 인생과 세상에 대한 더 높은 차원의 의미를 획득하게 된다. 또한 일상적 삶에서 더 높은 차원으로 나아가 작품은 자연과 인간, 세상과 인간과의 조화와 균형을 이루면서 풍요롭고 아름답게 재탄생한다.

박영득의 수필에서 우리가 만나게 되는 사물과 세상은 언제나 풍요롭고 아름답고 긍정적이다. 이를테면 〈메별袂別〉이라는 작품에서 우리가 만나게 되는 흔한 사물인 자동차에 대한 작가의 인식은 이런 점을 잘 보여준다. 작가는 자신이 타고 다니는 자동차를 S 양이라고 의인화해서 표현하면서, 그와의 "만남이란 우연일까 아니면 운명일까. 이 세상에 수많은 사람이 있지만 맘에 쏙 드는 사람과 만남은 우연이 아니라 운명일지도 모른다."고 의미를 부여한다. 심지어 그녀와의 만남이 "창조주께서 태초부터 예정해 두었던 만남을 우연이라는 조건을 통해 이루어지게 하는 것"이라고 여긴다. 작가에 의해 S 양과의 사랑의 의미는 더욱 확장된다.

> 누군가가 '사랑이란 서로 마주보는 것이 아니라 같은 방향을 바라보는 것'이라고 했던가. 그녀와 나는 언제나 바라보는 곳이 같았다. 사소한 일상에 대한 생각에서부터 사회적인 이슈나 정치적 이

녬에 이르기까지 부딪침이 없었다. 사람이 살아가면서 가장 소중한 것이 사랑이라는 것도, 사랑이 있어야 사람에게는 희망이 있다는 말에도 공감하고 있었다. 같이 있으면 어머니 품처럼 언제나 편안하고 행복한 사람, 먼 길을 갈 때면 지루하다며 노래도 불러주고 애교스러운 목소리로 세상 돌아가는 이야기도 자분자분 들려주던 사람, 무더운 날에는 시원한 바람으로 한겨울 추울 때는 따뜻하게 마음 까지 녹여주는 수고도 마다하지 않는 사람이었다.

– 〈몌별袂別〉에서

'몌별袂別'이란 '소매를 잡고 헤어진다.'는 뜻으로, 정든 사람과 섭섭히 헤어짐을 이르는 말이다.

이런 멋진 의미 속에서 독자를 때로는 긴장으로 때로는 안타까움으로 이끌어 가던 S 양은 "사랑하고 아끼던 검은색 차 세피아Sephia였다." 이 얼마나 멋진 반전인가. 이렇게 사물에 대한 작가의 사랑과 관심은 극진하다. 그녀를 향한 마음은 〈조침문〉이 아니라 〈조차문〉으로 한 편 써야 될 듯하다. 박영득의 수필에서 작가가 바라보는 눈은 사물 그 자체를 보는 면밀하고 애틋한 '시선'에 의해 시작한다. 작가의 시선은 사물에 의미를 부여하고 이 과정 속에 삶의 내용을 사유화함으로써 '사물의 해석화'를 이루게 된다. 사물의 현상과 의미에 대한 관찰, 그것은 발견의 힘이자 성찰의 과정으로 배치됨으로써 삶에 대한 보편적 주제를 밀고 나가는 작가의 사유와 정서를 보여주는 것이다.

사물에 담긴 잠재성의 발현을 가능하게 하는 작가의 시선, 그것은 우리 주변에 만연해 있는 일상적 동일화에서 벗어나고 새로운 세계로 사물을 몰고 가는 개념으로 사물과 인생을 바라보는 시선이다. 일상적 개념으로 보는 시선에서 벗어나 사건이나 사물의 중심으로 시선을 옮기면 그곳에는 상식적 개념의 범주에서 빠져나간 또 다른 깊은 층위의 의미를 만날 수 있다. 그것은 사물이 내보내는 의미론적 징후이고 해석해야 할 기호들과의 만남이다. 박영득의 수필에서 작가는 언제나 사물과 마주하는 징후들을 새롭게 해석하고 가시화하는 특성을 지니면서 서술된다. 또한 사람과 사물이 존재하는 깊은 의미를 사유하는 방식에 따라 다른 세상이 추동된다. 그것은 작가가 사물을 사유하는 방식에 의해서 새로운 관조와 이해를 통하여 세상과 인생의 의미를 넓혀가는 과정을 취한다.

박영득의 작품에서 허다하게 등장하는 일상적 사물들, 몽돌, 구렁이, 범치, 갈매기, 갯벌, 삐뚤이 고동, 깡다리, 갑오징어, 해낙지, 멍텅구리배 같은 사물들은 모두 우리에게 익숙한 것들이지만, 작가는 사물을 바라보는 새로운 시선을 통해 익숙하지 않은 이야기들을 만들어낸다. 낯선 이야기를 통해 놀라운 생각의 확장이 일어남으로써 작가에게는 언제나 능동적으로 '사유'하는 힘이 생겨난다. 이런 사유의 힘은 사물과 자연 현상을 삶의 보편적 주제로 환원하는 작가의 강한 정서적 충전력에 휩싸여 진행됨으로써 우리에게 미적 쾌감을 주게 된다. 예컨대 수필집의 표제작이기도 한 「몽돌의 차르르 따르르」에서 몽돌에 대한 인식에서 이런 힘은 더욱 잘 표현되어 나타난다.

> 몽돌은 개울이나 바닷가에서 볼 수 있는 흔한 돌멩이다. 거친 돌멩이들이 끝없이 밀려오는 강물이나 파도에 씻기고 부딪쳐 마모된 동글동글해진 돌을 말한다. 사람들의 얼굴이 제각각이듯이 몽돌도 돌의 재질과 마모의 형태에 따라 특이한 모양이나 독특한 문양을 담고 있다. 꽃 모양이나 산수화가 그려지기도 하고, 천체도天體圖에 그려진 별의 궤적처럼 무지개 색깔의 둥근 테를 몇 겹으로 감고 있는 문양도 있다. 때론 수많은 점이 밤하늘의 별처럼 표면 가득히 촘촘히 박혀있는 것들도 있고 공처럼 완전히 동글동글하거나 길쭉한 수박처럼 두리뭉실한 놈도 있다. 이런 몽돌의 매력에 빠져 강가나 바닷가에 가게 되면 나는 시간 가는 줄도 모른다.
>
> — 〈몽돌의 차르르 따르르〉에서

몽돌이라고 해서 어찌 아픔이 없겠는가. 몽돌은 다른 돌들과 부딪치며 깨지고 마모되어 뼈를 깎는 아픔을 견디는 소리를 지른다. 이런 아픔 속에서 몽돌이 탄생하게 되는 것이라는 작가의 통찰과 인식은 깊고 예리하다. 사물들은 삶의 한가운데서 우리를 바라보며, 우리와 동일한 시선을 간직하고 있다. 그러나 사물의 잠겨있던 봉인이 열리는 순간, 우리 곁의 일상적 사물들은 사소함을 넘어서 폭넓은 가치를 드러내는 매개체가 되어준다. 우리에게 사소하고 익숙한 그 사물이 삶에 대한 인식을 새롭게 해주는 힘이 되면서, 우리를 새로운 세상과 삶을 통찰하게 해주는 끈이 된다.

작가는 일상적 사물의 중심에서 사물과 사물, 사물과 세상 '사이'의 깊은 의미를 읽는다. 그럼으로써 일상적 모습이 만들어낸 단조로운 진리 이외에도 더욱 풍요로운 방식으로 세상을 바라본다. "사람들의 얼굴이 제각각이듯이 몽돌도 돌의 재질과 마모의 형태에 따라 특이한 모양이나 독특한 문양"을 통하여 사물을 단순히 외형적으로만 파악하고 보편화시키고 단일화시키는 이해 방식을 벗어난다. 이렇게 박영득은 사물의 새로운 모습을 보며, 사물과 나 사이에서 또한 그 너머의 존재와 세상 사이에 대한 사유를 한다. 이러한 '사이'는 무한한 생성이 가능한 지점이다. 바닷가에서 흔히 발견되는 몽돌이 내는 다양한 속삭임을 통해 들을 수 있는 사물에서 발견할 수 있는 다양성은 무궁무진하다. 그것은 "꽃 모양이나 산수화가 그려지기도 하고,

천체도天體圖에 그려진 별의 궤적처럼" 서로의 다른 모습을 드러내면서 존재하는 유동적인 생성이다. 또한 "몽돌이 구르는 저 소리는 어쩌면 돌끼리 부딪치는 마찰음이 아니라 그들이 토해내는 울음소리"와 같은 것이다. 작가는 주변에서 중심으로, 시작에서 끝으로, 자아에서 타자로 이동하면서 통찰의 시선으로 사물과 세상의 새로운 모습을 바라본다.

이렇게 박영득의 사물과 세상을 읽는 태도는 단순히 외관을 판단하고 구별하기 위한 차이가 아니라, 서로의 존재와 가치를 인정하는 긍정의 미학으로 존재한다. 그리하여 그에게 사물은 차이들을 위한 단순한 인식이나 일상적 진부함이 아닌, 사물과 사물, 사물과 세상 사이에서 높은 차원의 인식을 이루기 위한 도구가 된다. 『몽돌의 차르르 따르르』에 실린 많은 작품에서는 일상적 진부함과 동일함의 인식으로 죽어있는 고정된 사물이 아닌, 끝 모를 창조적 잠재성을 지니고 있는 사물에서 새로운 발견과 이해가 이루어지고 있다.

3

앞서 우리는 박영득이 크고 작은 사물을 통하여 인생과 세상을 바라보는 폭넓은 인식을 지니고 있음을 지적해 왔거니와, 사물을 깊이 있게 바라보는 눈은 삶에 대한 작가의 깊은 이해와 성찰에 의해 이루어지는 것이다. 특히 박영득의 작품을 읽으면서 우리가 주목하게 되는 것은 작가의 생명에 대한 남다른 인식이다. 이것은 오늘날 흔히 운위되는 이른바 생태적 인식과도 무관치 않은 것이다. 생명에 대한 존중의 마음은 작가가 어린 시절부터 가까이해 온 바다의 체험으로부터 우러나오는 것이라 할 수 있지만, 여기서 체험과 문학의 관계는 작가 인식의 원천이 됨을 확인할 수 있다. 작가의 생명에 대한 관심은 《몽돌의 차르르 따르르》의 〈작가의 말〉에서 잘 드러난다. 작가는 생명과 생명체들에 대한 인식을 다음과 같이 설명한다.

> 생명. 듣기만 해도 가슴이 뛥니다. 아무리 사소하고 보잘것없는 그리마 같은 절지동물이라 할지라도 그 속에 생명이 있기에 귀한 것이 아니겠습니까. 그것은 인간의 영역이 아니라 절대자 창조주의 영역이라서 그렇다고 생각됩니다. 그래서 이번에 선보인 수필집 『몽돌의 차르르 따르르』에서는 사소한 들꽃이나 개울에 사는 생명체들 그리고 고향의 바닷가 작은 갯것들을 소재로 그들과 함께 어울려 살아가는 사람들의 삶을 글로 써보고 싶었습니다. 창조주의 은밀한 창조 의지를 생각하면서.
>
> — 〈작가의 말〉에서

실제로 작품의 전편에서는 작가의 생명의식이 지배적으로 나타나고 있다. 오늘날 생태위기의 원인은 다층적이고 복합적이어서 하나의 현상으로 그 원인을 분석하는 것은 한계가 있을 것이다. 《몽돌의 차르르 따르르》에서 박영득이 사유하는 생태위기는 자연과 인간의 공존의식의 상실에 의한 것이다. (박영득 수필에 나타나는 생태적 인식에 대해서는 《집게의 꿈》에 실린 유인실의 작품해설 〈자연과 인간의 공존을 위한 새로운 균형 회복–박영득 수필세계〉 참조). 하이데거 같은 철학자는 기술문명이 존재의 본래적 가치를 훼손하거나 조작한다고 보고 오늘날을 '고향 상실'의 시대로 규정한 바 있다. 인간중심주의의 자연관에 뿌리 박은 인간의 이성주의가 생명의 위기 상황을 초래하게 되었다는 것은 분명하다. 이를테면 박영득 수필의 생태적 인식은 갯벌을 바라보는 작가의 시선에서 잘 나타나고 있다.

> 갯벌에 관한 추억이 어디 이뿐이랴. 먼 남쪽 나라에서 북쪽 나라로 오가던 철새들도 날개가 지치면 고향 갯벌에 내려앉아 쉬어 가곤 했다. 하늘을 까맣게 뒤덮던 도요물떼새, 기럭기럭 울어대는 기러기 떼들, 걸음걸이조차 우아한 황새며 흑두루미들, 먹이를 찾아 부리로 노를 젓는 노랑부리저어새, 하얀 목도리로 멋을 잔뜩 부린 흰뺨청둥오리 등 갖가지 철새들이 찾아드는 고향 갯벌은

> 사시사철 새들이 찾아드는 철새의 낙원이었다. 철새들이 지친 날개만 쉬고자 이곳에 머물렀을까. 우주의 에너지가 서려 있는 갯벌의 기를 받고 배를 채우며 다음 비행에 대한 꿈을 꾸며 쉬어가는 것이었을 게다.
>
> — 〈갯벌〉에서

보리가 누렇게 익어갈 무렵, 고향 앞바다에는 여러 가지의 고기 떼들이 몰려들었다. 이들이 이곳으로 모여드는 이유는 오직 한 가지, 산란하기 좋은 갯벌이 있어서일 것이다. 인간이 어머니의 자궁 안에서 잉태되듯이 물고기들도 안전한 갯벌에 알을 낳고 싶어 먼바다에서 이곳까지 찾아온 것이다. 갯벌은 바다 생명의 숭엄한 태자리이며 바다와 육지의 경계선에 자리하며 두 세계를 이어주는 가교와도 같은 곳이다. 그러나 과학기술이 발전하고 자본주의 사회가 그 폭력성을 드러내면서 생명체들이 "함께 어울려 살아가는 사람들의 삶"을 파괴해 버렸다. 도시 문명같이 경직된 세계를 추구하면서, '갯벌'같이 우주의 에너지가 서려 있는 생명의 터전은 존재할 수 없다.

자연과 인간의 관계성과 순환성의 원리로 운행되는 자연현상의 가치를 재발견하기 위하여 인간과 자연의 공존은 반드시 필요한 것이다. 이러한 자연과 인간의 관계 회복은 작가의 유년 시절의 고향 기억과 공동체의 의식을 환기함으로 획득되는 것이다. 이는 주체와 객체를 구분하여 위계를 나누는 근대의 자연관에 대한 도전이자 자연으로부터 소외된 삶의 대안이기도 하다. 생명에의 경외감을 드러낸 박영득의 작품은 자연과 하나되는 확장된 자아의 면모를 드러낸다. 각 개체의 내재적 가치를 인정하는 이러한 의식은 무위자연의 실현 의지로 변주되면서 자연에 담긴 고유한 세계를 바라보고자 하는 작가의 노력으로 체현된다. '삐뚤이 고동'을 통해 읽는 자연과 세상의 모습은 작가의 인식을 극명하게 보여준다.

> 삐뚤이는 세상 부귀영화를 초연한 마음으로 살아가는 민초 같은 존재다. 어느 바다 생명체보다도 굼뜨고 행동 반경도 짧아 어쩌면 한곳에 뿌리를 내리고 살아가는 나무나 다를 바가 없다. 기껏 멀리 가봐야 태어난 주위를 빙빙 돌며 한평생을 지낼 뿐이다. 이렇게 따분한 삶을 살아가지만 그렇다고 아무 생각도 없이 살아갈까. 달 밝은 밤에 조용히 밀려오는 파도 소리에 우주의 창조 신화에 귀 기울이기도 하고, 갈매기 끼룩끼룩 울어댈 때면 창공을 바라보며 갈매기 날갯짓을 따라 하늘을 나는 꿈을 꾸기도 할 것이다.
>
> – 〈삐뚤이고동〉에서

작가가 보기에 삐뚤이는 세상 부귀영화를 초연한 마음으로 살아가는 민초 같은 존재다. 바다의 어떤 생명체보다도 행동도 느리고 짧아 육지에서 한곳에 뿌리를 내리고 살아가는 나무와 다르지 않다. 그렇지만 그는 달 밝은 밤에 조용히 밀려오는 파도 소리에 우주의 창조 신화에 귀기울이기도 하고, 파란 창공을 바라보며 갈매기 날갯짓을 따라 하늘을 나는 꿈을 꾸기도 한다. 그러나 산업화가 진행된 후 개발과 발전의 이름으로 얼룩진 생태환경 문제는 직·간접적인 인간의 문제로 나타나게 되었다. 박영득의 작품에는 이러한 생태위기의 상황과 자연으로부터 소외된 삶에 대한 자각이 특히 주목되고 있다. 그리하여 『몽돌의 차르르 따르르』에서 작가는 꽃과 나무를 바라보는 시선을 통하여 식물적 상상력을 보여준다.

식물적 상상력은 식물의 일반적인 속성을 넘어서 작가의 체험과 세계관에 따라 다양한 상상력으로 작동한다. 박영득의 작품에서도 식물적 상상력은 일반적인 식물의 속성을 바탕으로 하기보다는 작가의 체험과 삶에 근거한 주체화된 식물 이미지들을 주로 사용하고 있다. 이것은 그의 작품이 개인의 구체적 체험을 바탕으로 보다 선명한 식물성의 이미지들을 창조해 내고 있으며, 이를 바탕으로 삶의 모습을 재현하고자 하는 의도를 동시에 드러내는 것이다. 이는 곧 작가와 세계 사이에서 균형과 조화라는 새로운 삶의 질서를 찾고자 하는 태도라고 할 수 있다. 박영득은 그리마, 애기똥풀꽃, 달개비꽃, 무화과, 냉이꽃, 소나무, 이팝꽃 같은 허다한 식물들을 통해서 식물 이미지를 수용하면서도 삶의 현실을 다층적으로 보여주는 역동적 상상력을 통해 인간과 세상의 모습을 보여준다.

> 소나무들이 사라진 후론 고향에 갈 때면 반겨줄 어머니가 없는 텅 빈 집처럼 고향 마을이 허전하기만 하다. 태어나면서 연을 맺어 황혼에 접어든 이 나이 때까지 항상 소나무 생각에 젖어 사는 나는 그 어떤 나무보다 소나무를 더 사랑하는 것 같다. 그리하여 내 소원이 하나 있다면 세상을 이별하는 날 송판으로 짠 관에 들어 솔바람이 솔솔 부는 고향 언덕에 묻히고 싶다. 사시사철 솔 향기 맡으며 솔바람이 전해주는 세상 이야기를 들으면서 소나무 숲 아래 편안히 잠들어 쉬고 싶다.
>
> — 〈소나무〉에서

> 그놈의 쌀밥이 무엇이었길래 그리도 쌀밥을 향한 열망이 뜨거웠을까. 쌀밥이 부자와 가난한 자, 높은 자와 낮은 자, 배운 자와 못 배운 자를 구별하는 척도라도 된다고 믿었던 것이었을까. 아니면 생명줄이라고 여긴 것은 아니었을까. 지금은 쌀밥보다야 조밥

이나 꽁보리밥이 더 인기 있는 건강 밥상인 것을……. 이팝꽃이 필 때면 간척지에서 하얀 쌀밥을 꿈꾸며 희망에 부풀어 힘든 일도 마다하지 않았던 그 어린 시절이 어제 일처럼 생생하게 떠오른다.

– 〈이팝꽃이 필 때면〉에서

작품 〈소나무〉에서 작가는 소나무에 대한 깊은 연민과 사랑을 드러내면서 자신의 사후에서마저도 소나무와 함께하고자 하는 감정을 드러낸다. 또한 〈이팝꽃이 필 때면〉에서는 이팝꽃이 필 때 간척지에서 하얀 쌀밥을 꿈꾸던 어린 시절의 꿈과 이상을 새롭게 일구어낸다. 박영득은 기존의 감상적이고 수동적인 의미의 식물 이미지가 아닌, 식물을 통한 삶과 세상의 모습을 은유적으로 드러내는 동시에 이를 넘어서려는 방법론적 모색을 한다. 이러한 방법의 모색은 자신의 내적 성찰을 통해 존재와 인생의 의미를 다양하고 복합적인 중층의 의미로 표현하고자 하는 의도이다. 말하자면 박영득은 내면의 성찰을 통한 개인의 주체적 자각을 더욱 높은 가치로 극복하는 방식으로 식물적 상상력을 동원하고 있다.

박영득 수필에 나타나는 다양한 존재들은 조화로운 생명 공동체를 향한 공생의 모습을 추구한다. 사라져 가는 꿀벌을 통해 "이 세상에 사는 모든 생명체가 공생해야 인간도 생존할 수 있다."는 인식

(《벌들의 침묵》), "연리목이 되기까지는 두 나무가 만나 부대낌으로 껍질이 벗겨지는 아픔도, 상처가 아물어 가는 쓰라림의 과정"이라는 생각(《연리근連理根》), "자연의 법칙이 작용하는 무인도에서는 어느 생명 하나 불평 없이 우주의 질서에 따라 삶을 살아가는 평온한 세상(「무인도」)이라는 사색은 자연 속 여러 구성원이 모두 모여서 일정한 체계를 이루고 있는 공동체라는 사실을 말해주는 것이다. 따라서 박영득의 문학은 자연과 환경 세계에 적극적으로 결합되어 승화함으로써 인간과 자연의 생태적 유대성을 도모할 수 있다는 사유를 하고 있다. 이런 공동체의 윤리는 인간과 여타 생명체들과의 상생을 위한 인식이라는 점에서 더욱 가치 있는 것이다.

4

박영득의 삶과 세상 읽기는 생명에 대한 외경심으로 가득하다. 이런 작가의 태도는 "자연과 가까이하는 삶에서 생명의 고귀함을 찾고 환경의 중요성에 대해서 더욱 목소리를 높이겠습니다. 때론 사회의 부조리와 부패에 대해서도 용기 있게 일성을 높여야 하겠지요. 이것이 바로 글을 쓰는 사람들의 사명이 아닐까 싶어서입니다."(「작가의 말」)라는 다짐을 가능케 한다. 이런 작가의 사명감은 곧 부정을 넘어

긍정의 시학을 통해 세상과의 '불화'를 당당히 껴안음으로써 '화해'에 이르고자 하는 작가의 내적 성찰이 있기 때문에 가능한 것이다. 그의 문학의 기저에 내재한 이런 인식은 기존의 질서에서 벗어나 새로운 삶과 문학의 질서를 향해 조화와 균형을 이루고자 하는 동력이 되기도 한다.

이런 의미에서 우리는 박영득의 생명을 중시하는 생태적 상상력이 그의 문학에서 매우 의미 있게 나타나고 있음을 주목할 수 있다. 작가가 강조하고자 하는 것은 현대적 삶의 상황에서 존재하는 불화와 화해 혹은 결핍과 소통의 질서는 결국 세계에서 생명의 질서를 새롭게 이루어야 가능하다는 사실이다. 이는 기존의 삶과 문학적 질서를 전복함으로써 얻어진다기보다는 작가의 생태적 인식과 성찰을 바탕으로 이루어지고 있다는 점에서 의미를 갖는다.

최근 들어 자연과 생태적 삶의 의미에 대한 성찰은 장르를 불문하고 우리 문학의 가장 중요한 테마의 하나로 등장하게 되었지만, 중요한 것은 박영득의 수필에서는 자연이 물질적 질서로서의 세계로 형상화되는 것은 물론 자신의 실존을 경험하는 서정과 상상력의 실현으로 발전하고 있다는 사실이다. 달리 말하면 박영득의 수필에서 나타나는 자연 이미지는 단순히 문학적 대상으로서가 아닌 작가의 정신과 사유를 적극적으로 반영하는 의미로 추동되고 있다는 점에서 더 큰 의미를 갖는다. 그의 작품에 나타나는 생태적 상상력은 중층적이고 복합적인 작가의 내면을 효과적으로 드러내는 동시에 그럼으로써 문학적 울림을 한층 더 깊게 만든다는 점에서 커다란 의미를 갖게 되는 것이다.

박영득의 수필은 작가가 살아온 삶의 체험과 그 속에서 아직 인식되지 못한 의미를 새로운 방식으로 보여주고자 하는 노고의 산물이다. 그렇지만 작가의 말대로 앞으로 설명되어야 할 내용은 많고 용기있게 발언되어야 할 과제가 그의 문학 앞에 무겁게 놓여있다. 그의 수필의 미학적 모험이 새롭게 진화해 나갈 때 박영득의 수필은 더욱 심오하고 다채로워질 것이다. 그동안 박영득이 이룬 문학적 성과가 가볍지 않은 것임에도 불구하고 우리가 이런 단서를 붙이는 것은 앞으로 그의 문학이 이룩해야 할 성취에 대한 기대가 그만큼 크기 때문이다.

박영득 수필집

몽돌의 차르르 따르르

인쇄 2024년 2월 19일
발행 2024년 2월 23일

지은이 박영득
발행인 서정환
펴낸곳 수필과비평사
주소 서울시 종로구 삼일대로 32길 36(익선동 30-6 운현신화타워) 305호
전화 (02) 3675-3885 (063) 275-4000 · 0484
팩스 (063) 274-3131
이메일 essay321@hanmail.net
출판등록 제300-2013-133호
인쇄·제본 신아출판사

ISBN 979-11-5933-518-1 03810
값 16,000원

Printed in KOREA